오십이 앞으로 어떻게
살 거냐고 물었다

삶의 변곡점에
필요한 철학자의 말들

오십이 앞으로 어떻게
살 거냐고 물었다

이관호 지음

온더페이지
on the page

°
차
례

들어가며 50 이후의 삶이란 -음양   8

1장 ⬠ 인간관계 리셋하기

중년의 우정에 관하여 -공자   16

조금씩 고독해져도 좋다 -아르투어 쇼펜하우어   24

꼰대는 어떻게 탄생하는가 -논리학: 일반화   32

꼰대에서 벗어나는 길 -조너선 하이트   38

자녀와 거리를 두어야 한다 -알프레드 아들러   45

꿈을 강요하지 말자   54

헤어지는 커플을 위해 -논리학: 부정   60

미워하면서 살자 -공자   66

2장 ⬠ 자존감 찾기

이직과 퇴직의 철학 –논리학: 접속어   74

50대의 자존감 –마셜 로젠버그   83

과거는 잊히지 않는다 –지그문트 프로이트   90

후회에서 벗어나려면 –바뤼흐 스피노자   97

대체 불가한 존재 –장 폴 사르트르   106

소유에 대한 철학 –노자   113

3장 ⬠ 오늘을 살아가는 법

50대의 여행 –논리학: 복합명제   124

왜 불행해질까? –애덤 스미스   132

60을 위해 지금을 희생하지 않으려면 –장 자크 루소   140

기쁨의 철학 –바뤼흐 스피노자   147

삶을 내려놓고 싶을 때 –논리학: 충분조건   156

실패를 활용하는 법   163

4장 ⬠ **이제라도 변화를 꿈꾼다면**

언제부터 늙었을까 –논리학: 역설　　　　　　172

새로워지자 –주역　　　　　　178

이제 계획은 느슨하게 잡자 –앙리 베르그송　　　　　　186

아직 늦지 않았음을 –프리드리히 니체　　　　　　195

독서의 이유　　　　　　203

5장 ⬠ **노년을 위한 몸의 철학**

우아하게 늙어가기　　　　　　212

몸에 대한 발상의 전환 –바뤼흐 스피노자　　　　　　221

새로운 근육을 활용하자　　　　　　225

오늘을 완전체로 살아가는 법 –우치다 다쓰루　　　　　　229

무례하지 않기 –공자　　　　　　237

6장 ◇ 50대의 덕목들

만만하게 보이지 말자 -니콜로 마키아벨리   248

유연하게 리드하기 -노자   256

최고점이 오기 전에 멈추기 -노자   263

지금부터의 공부는 즐거울 것이다 -공자   269

적당히 살자 -아리스토텔레스   276

친구가 돈을 빌려달라고 할 때 -공자   282

죽음에 관하여   287

나오며 이제 모든 것을 쏟아낼 때 -일이관지   298

미주   302

50 이후의 삶이란

음양

50세가 되던 해에 어디로든 여행을 가고 싶었다. 가족의 여행 허락을 받고 직장에서 한 달 정도의 휴가를 얻었다. 행선지를 고심하던 중에 때마침 한 지자체가 진행하는 '한 달 살기 프로젝트' 공고를 보았고, 운 좋게 프로젝트에 참여하면서 여행 비용을 절감할 수 있었다.

이전부터 섬 여행을 떠나는 로망이 있어서 서해안 앞에 위치한 숙소를 잡았다. 매일 아침 침대에서 눈을 뜨면 바다가 눈앞에 펼쳐졌다. 바다 곁에서 재즈 음악을 듣고 커피 향을 맡으며 책을 읽었다. 낮에는 주로 배를 타고 처음 들어본 이름의 작은 섬들을 돌아다녔다. 그렇게 한 달간 서해와 함께 여유로운 시간을 보냈다.

우리는 '바다'라고 하면 대체로 동해의 일출을 떠올린다. 새해 첫날에는 떠오르는 해를 보며 새로운 하루를 맞이하고 싶어서 정동진 같은 일출 명당에 몰려간다. 물론 서해에서는 일출을 볼 수 없다. 눈앞에 펼쳐지는 바다에는 아직 새벽의 적막함이 남아있고, 오전 내내 하늘과 바다의 푸르스름한 색감이 비슷해서 구분하기가 쉽지 않다. 정오쯤은 되어야 숙소의 넓디넓은 사각형 창에 붉은 해가 나타난다. 나는 대략 오후 5시부터 저녁 7시까지 숙소나 바닷가, 그리고 섬에서 매일 일몰을 감상했다. 한 달 살기 프로젝트를 끝마치면서 얻은 가장 큰 수확은 '바다' 하면 동해와 함께 서해를, 그리고 일출과 함께 일몰을 떠올리는 균형감이었다.

일몰의 색감은 다양했다. 짙은 노란색, 주황색, 분홍색, 붉은색, 푸른색, 진녹색 그리고 까무잡잡한 색이 구름의 분포와 기상 상태 등에 따라서 시시각각 새롭게 칠해지고 서로 섞였다. 그렇게 동해의 일출만큼이나 서해의 일몰도 찬란했다. 하지만 느낄 수 있는 그 찬란함은 달랐다. 일출은 희망, 기대, 설렘 같은 느낌을 준다면 일몰은 차분함, 성숙함, 겸허함, 돌아봄과 같은 느낌을 전했다. 50대 이후의 삶은 아마도 서해의 일몰과 같은 것이 아닐까?

자연현상을 보면서 삶에 대해 생각하는 건 인간의 본성이다. 우리 조상들은 일출과 일몰 같은 자연현상에서 '음양陰陽'이라는 사고의 틀을 발견했고, 깨달은 자연의 이치를 인간의 일에 확장하고 적용했다. 올라가는 순간이 있으면 내려가는 순간이 있고, 만나는 순간이 있으면 헤어짐이 있고, 슬픔 후에는 기쁨이 온다. 그리고 젊음 후에는 결국 늙음이 온다.

자연은 우리에게 '음陰'은 '양陽'에 비해 부족하거나 나쁜 기운이 아니라, '음'과 '양'이 서로 동등하다는 이치를 알려준다. 젊음과 늙음은 동등한 가치를 가진다. 젊음이 더 좋다고 생각하는 건, 바다라 하면 동해의 일출을 떠올리는 것과 같이 인간만이 가진 편견이다.

한편 공교롭게도 서해에 머무는 동안 읽었던 책들 가운데 『인간 실격』의 저자로 유명한 다자이 오사무의 『사양』(지는 해)도 있었다. 역시 지구상에서 인간만이 해가 지는 광경을 보면서 아름다움을 떠올릴 수 있다.

서해 역시 우리에게 자연의 이치를 알려준다. 그 이치는 찬란

오십이 앞으로 어떻게 살 거냐고 물었다

한 젊음만큼 찬란한 늙음이 있다는 사실이다. 우리의 기대 수명이 100세를 겨냥하고 있다고 할 때 50세는 그 중간이다. 이제 50세는 그 새로운 찬란함을 즐길 때다.

이 책을 끝까지 읽으면 내가 추구하는 '일관된 하나'를 느낄 수 있으리라고 생각한다. 세상의 많은 철학 중에서 '생성과 변화의 철학'을 소개하면서 50대가 지향할 만한 삶의 방향을 제시해보았다. 그것의 근거를 들기 위해 서양철학에서 베이컨·스피노자·니체·베르그송·사르트르를, 동양철학에서 주역·공자·노자를, 문학에서 카잔차키스·헤밍웨이 등을 인용했다.

생성과 변화의 철학의 여러 특징 중 하나는 단절이 아니라 '연속'을 이야기한다는 점이다. 그래서 과거의 상처를 잊는 태도가 아닌 자신의 일부로 끌어안는 태도를 이야기했다. 그리고 생성과 변화는 현재를 기준으로 지나간 것을 후회하고 자책하는 모양새가 아니다. 미래지향적인 의미를 가지지만 그렇다고 정해진 미래를 못 박아두고 현재를 구속하는 모양새도 아니다. 다시 말해 이 책은 '지금, 여기'의 철학과 함께 열린 미래를 이야기했다. 더불어 논리학의 지식을 일부 활용해 우리가 평소 놓쳤던 합리적 사유를 일상생활에 적용해보는 시도를 해보았다.

또 하나, 이 책은 몸에 대한 이야기로 상당 부분을 할애했다. 50대부터는 이전에 비해 체력이 약해지고 복용하는 알약이 늘어나기 시작한다. 그런데 평균 수명 70~80세 시대와 달리 100세 시대를 살아가는 50대는 몸에 대한 이해가 없으면 자칫 인생의 절반 가까이가 우울한 길로 접어들 수 있다.

그리고 후회, 절망, 분노, 미움 등 50대가 느끼기 쉬운 감정을 어떻게 받아들이고 넘어설 수 있는지도 다루었다. 또 인간관계를 새롭게 정립할 수 있는 방법을 모색했고, 죽음이 무엇인지에 대해서도 이야기했다.

누군가 내게 이런 거창한 이야기들을 아무 준비도 없이 글로 써보라고 했다면 당연히 나는 그 자리에서 도망갔을 것이다. 그러나 2,500년 동안 인류가 남긴 철학은 귀담아듣고 실천할 만한 지혜를 전하고 있고, 나는 단지 50대를 위한 철학의 편집자 역할을 한다고 생각하니 한결 가벼운 마음으로 글을 쓸 수 있었다.

써놓고 보니 50대를 살아가는 나를 위한 글이라는 생각이 들었다. 시간을 들여 이 책을 읽는 누군가에게도 그런 글이 된다면 내가 글을 쓰는 데 들인 시간 또한 뿌듯하겠다.

이관호

1장

인간관계 리셋하기

중년의 우정에 관하여

공자

20대의 사귐

어릴 적의 나는 친구를 가리지 않고 사귀는 경향이 있었다. 20대를 돌이켜보면 이러저러한 친구들과 이러저러하게 만나서 가끔씩 티격태격 싸우며 적개심을 불태웠지만, 한 번의 술자리로 갑작스럽게 둘도 없는 친구가 되던 시절이었다. 좋게 말해 비교적 순수함이 있던 시절이었고, 나쁘게 말하면 관계의 개념이나 정리 없이 친구를 사귀던 시절이었다.

'루'라는 독특한 외자 이름을 가진 친구가 있었다. 고등학교 동

16   오십이 앞으로 어떻게 살 거냐고 물었다

창이었는데 어느 날 유명 가수의 백밴드에서 베이스를 치는 법대생 친구를 내게 소개해주었다. 그와 대화를 하다 보니 나와 생일이 같다는 사실을 알게 되었다. 너희 둘은 서로 어떻게 친해졌냐고 물었더니 각자 사귀는 여자친구가 친한 사이라 자연스럽게 친해졌다고 했다. 그런 경로로 이렇게 친해질 수 있다는 게 다소 의아했다. 그리고 지금은 둘 다 여자친구와 헤어졌다고 했다.

비슷한 시기에 루가 또 다른 친구를 소개해주었는데, 고등학교를 마치고 일찍이 취업해 철도청에서 열차를 모는 기관사였다. 루는 이 친구를 군대에서 만났는데, 군대 행정실에서 어떤 이유로 싸운 후 화해하는 과정에서 친해졌다고 했다. 그는 당시 대학생이었던 우리에게 자주 술을 사주었다.

루는 곧잘 상상과 예측을 벗어나는 행각을 벌였다. 그리고 '기묘함'의 절정을 이루었던 날은 어느 여름 밤이었다. "관호야, 너 자냐?" "어, 오늘 일찍 누웠다. 무슨 일이야?" "미안하다. 나 내일 결혼한다. 아, 지금 12시 지났으니까 오늘이구나." 이렇게 정말 친한 친구의 결혼 소식을 결혼 당일에 미안하다는 말과 함께 통보받았다.

결혼 통보를 받고 12시간쯤 지난 뒤 친구와 나는 루의 결혼식장에서 축의금을 받으며 신랑의 기묘한 행각에 대해 성토하고 있었다. 그때 누군가 몹시 의아한 표정을 지으며 축의금 봉투를 내밀고 우리를 의심스럽게 노려보았다. 그 순간 그와 우리 사이에 약간의 정적이 흘렀다. 그러나 그의 정체를 금방 알 수 있었다. 그는 저녁에 별도로 마련된 피로연 때 자신이 루의 중학교 동창이라고 소개했다. 그러면서 자신이 루와 가장 친한 친구인 줄 알았는데, 황당하게도 어제 결혼 소식을 들었다고 했다. 그리고 그는 우리가 루와 어떤 관계이며, 어떻게 축의금을 받는 자리에 앉게 되었으며, 결혼 소식을 언제 들었는지 등의 여러 질문을 쉼 없이 했다. 나는 결혼 소식을 어제가 아니라 오늘 들었으니 나보다 루와 친한 게 맞을 거라고 그를 위로했다. 그제야 우리는 모두 유쾌하게 웃었다. 그리고 신랑에 대한 성토를 밤새 이어갔다.

루는 몇 년 전에 세상을 떠났다. 중학교 동창, 고등학교 동창, 옛 여자친구의 친구의 남자친구, 군대의 전우를 남겨둔 채. 그의 결혼식에 모였던 우리는 '루의 친구'와 '같은 나이'라는 두 가지 공통점을 빼고는 아무 연관이 없지만 절친한 친구라는 관계를 이어오고 있다. 돌이켜보면 아직 세상 물정 모르는 20대였기에 가능한 사귐이었을 것이다.

추워져야 알 수 있는 것

스마트폰에 수많은 사람의 연락처가 들어 있고 카카오톡, 페이스

오십이 앞으로 어떻게 살 거냐고 물었다

북, 인스타그램으로 수많은 사람과 연결되어 있지만 '진정한 친구'가 누구인지 세어보면 열 손가락이 쉽게 넘어가는 이들이 얼마나 있을까? 그저 죽이 잘 맞는 친구(혹은 편하게 불러낼 수 있는 친구)와 진짜 친구는 구분하기 쉽지 않은데, 이 둘을 구분하려면 어떤 증명이 필요하다. 공자孔子는 이렇게 말했다.[1]

> 소나무와 잣나무가 늦게 시듦은 겨울이 되어보아야 안다.
> 歲寒然後, 知松柏之後彫也.

이 문구에 대해 중국 송나라의 학자 사양좌謝良佐는 이런 주석을 달았다. "선비가 궁핍할 때 그 절의를 볼 수 있고, 세상이 어지러울 때 누가 충신인지 알 수 있다." 이는 자신이 잘나가고 태평할 때는 주변의 어떤 이가 진짜 친구인지 알 수 없다는 말이다.

20대는 아직 인생의 쓴맛을 모르므로 주변의 누가 일찍 시들고 늦게 시드는지 알 수가 없다. 하지만 50대는 차디찬 겨울을 견뎌본 경험이 있다. 변하지 않는 소나무나 잣나무인 줄 알았던 친구에게 뒤통수를 맞아본 경험이 50대라면 한 번쯤 있을 것이다.

50대는 젊음을 뒤로하고 노년을 내다보는 시기여서 인간관계를 새롭게 재편하기 좋은 때다. 공자의 충고 몇 가지를 더 들어보자.

충忠심과 신信뢰받음을 최고의 가치로 삼고, 자기만 못한 자를 사귀지 말고, 잘못이 있으면 고치기를 꺼리지 말아야 한다.

主忠信, 毋友不如己者, 過則勿憚改.

이렇게 공자는 진정한 친구의 기준 두 가지를 제시했다. 이 기준으로 먼저 나는 남에게 친구가 될 자격이 있는지 돌아보자. 자신이 얍삽하지 않게 '충심'으로 그들을 대하고 있는지, 그래서 '신뢰를 받는' 사람인지 판단해보자.

그리고 스스로 그런 사람이라고 생각될 때 비로소 자기만도 못한 사람을 친구로 두지 않을 자격이 생긴다. 여기서 자기만도 못한 사람은 경제적으로 못 살거나, 사회적 지위가 낮은 사람을 의미하지 않는다. 공자는 그런 식의 기준을 세운 적이 없다. 충심과 신뢰가 부족한 사람, 즉 인격(인성)이 자기보다 못한 사람과 사귀지 말라는 의미다.

카카오톡 친구 목록을 살펴보면 인격이라는 기준에서 나보다 훌륭한 사람들이 눈에 들어온다. 그들에게 카카오톡으로 안부 인사를 보내고 약속 시간을 잡아보면 어떨까? 반면 자주 만났다 하더라도 신뢰가 없는 친구들과는 조금 소원해져도 괜찮지 않을까? 또 새로이 알게 되는 사람들도 그런 기준에서 친구로 삼을지 말지 판단하면 어떨까?

오십이 앞으로 어떻게 살 거냐고 물었다

격의 없음과 무례함은 다르다

하지만 오랜 시간 동안 관계를 이어온 이들과 연을 완전히 끊어버리는 행동은 신중하게 이루어져야 한다. 공자는 "큰 잘못이 있지 않으면 오래된 지인을 버리지 말라"라고 충고했다. 성급하게 관계를 계속 정리하다가는 몇 명 없는 친구도 남지 않을 수 있다.

또, 친구 사이에 예의가 있어야 한다는 점을 간과해서는 안 된다. 편한 친구일수록 격의 없는 대화를 하며 농담도 자주 하지만, 그렇다고 무례한 자세를 취하면 곤란하다. 나이 들어서 친구와 크게 싸우고 다시 보지 않는 사이가 되는 까닭은 친하다는 이유로 친구를 함부로 대하기 때문이다.

> 안평중은 사귐을 잘하는구나. 오래되었는데도 공경함을 유지하는구나.
> 晏平仲善與人交. 久而敬之.

이러한 공자의 칭찬에 대해 중국 송나라의 유학자 주희朱熹는 이렇게 주석을 달았다. "사귐이 오래되면 공경함이 약해지니 안 지 오래되어도 공경할 수 있으면 사람 사귐이 훌륭한 것이다." 친하니까 이해할 것이라는 생각으로 갑작스럽게 친구와의 약속을 깨는 경우가 있다. 하지만 약속을 깨는 횟수가 늘면 앞서 언급한 '신뢰(미더움)'의 기준에서 부족한 사람이 되어버린다.

쉽게 간과하는 부분인데, 친구에 대한 예의는 충고하는 자세까지도 포함된다. 격의 없는 친구라면 당연히 그에게 도움을 주는 조언을 하게 된다. 잘 모르는 관계면 조언을 할 필요가 없지만, 절친한 친구를 위하는 마음으로 충언忠言을 해주는 사람이 진정한 친구가 아닐까? 하지만 아무리 선의라도 모든 일에는 정도가 있다.

> 자공이 친구 사귐에 대해 묻자 공자가 말했다. "충고하고 잘 이끌되 잘 안되면 그쳐야 한다. 스스로 욕보이면서까지는 아니다."
> 子貢問友. 子曰, 忠告而善道之, 不可則止, 無自辱焉.

공자의 제자인 자유子遊도 "임금을 섬길 때 자주 충언하면 엄한 꼴을 당하고, 친구와 사귈 때 자주 충고하면 소원해진다"라고 비슷한 말을 했다. 그러니 몇 차례 정도는 친구의 선택에 대해 조언할 수 있지만 결국에는 친구의 선택을 존중하고 격려해줄 필요가 있다.

누군가를 만날 때 나는 사회적 지위가 어떤지를 가늠한 후 사람을 사귀고 싶지 않고, 또 경제적 수준의 차이로(누가 높고 낮든 상관없이) 관계의 벽을 치지 않을 것이다. 단지 나와 죽이 잘 맞는 이들보다 나를 충심으로 대해주는 미더운 친구들과 좋은 관계를 유지하면서 나이 들어가고 싶다. 그리고 아직은 훌륭한 사람들을 좀 더 만나고 싶다.

공자(B.C. 551~B.C. 479)

그는 인간의 선한 마음(양심)이 들려주는 그대로를 '정직'이라 여기며 '마음 가는 대로' 살아가는 방법을 알려준 인물이다. 공자가 가장 경계하는 삶은 온갖 종류의 '남을 위해 살아가는 삶'이다. 공자가 가장 강조한 삶은 '자신의 마음이 가는 대로 주체적으로 살아가는 삶'이다.

- 시련이 닥치기 전에는 누가 진정한 친구인지 알 수 없다.
- 친구를 사귀는 기준은 그에게 충심이 있는지, 그를 신뢰할 수 있는지의 여부다.
- 충고는 한두 번 하고 그쳐야 한다.
- 사랑할 만한 사람은 사랑하고 미워할 만한 사람은 미워해야 한다.
- 예의는 구속이 아니라 즐거움을 위한 것이다.
- 남이 아니라 스스로를 위한 공부를 하면 언제나 즐거울 수밖에 없다.
- 죽는 건 아무나 하지만, 마치는 건 아무나 할 수 없다.

조금씩 고독해져도 좋다

—

아르투어 쇼펜하우어

고독하는 고독한 사람들

30대 후반부터 7년 동안 '고독古讀(고전을 읽는) 클럽'이라는 모임을 주도했었다. 독서는 본래 홀로 외로이 하는 일이므로 모임 이름을 고전을 읽는다는 뜻과 고독孤獨이라는 뜻을 담도록 중의적으로 지어 냈다.

사람들이 모여서 토론하는 이 모임은 한 회 참여에 무려 2만 원의 회비와 토요일 오후라는 황금 같은 시간을 할애할 것을 요구하지만, 충성도 높은 다수의 회원이 참여했다.

오십이 앞으로 어떻게 살 거냐고 물었다

서로 모르는 사람들이 모였는데 그냥 아무 주제로 이야기할 수는 없다. 무언가 이야기할 거리가 있어야 하는데 책은 그 '이야깃거리'를 제공해준다. 특히 인문 고전은 좀 더 깊이 있는 주제를 제시해주어서 대화의 깊이를 유지해준다.

나는 이 모임에서 두 가지 특징을 발견했는데, 하나는 독서 모임이 내면의 지적성장이라는 수직선과 타인과의 교류라는 수평선이 절묘하게 만나는 공간이라는 점이다. 다른 하나는 아무리 말수가 없고 내성적으로 보이는 사람이라도 속까지 꼭 그렇지 않다는 점이다. 한 달 정도만 지나도 모임에서 조용했던 그들이 지금까지 하고 싶은 말이 얼마나 많았는지 알 수 있다.

고독 클럽을 주도하며 매주 깊이 있는 대화를 나눌 수 있었던 건 내 인생의 큰 행운이었다. 그런데 실제로 나를 고독하게 만든 계기는 따로 있었다.

글을 쓰게 된 이유

나는 40대 중반을 넘어가면서 술을 자제하게 되었다. 40대 이전의 나는 비 오는 날에는 막걸리를, 한여름 야구장에서는 맥주를, 재즈를 들을 때는 와인을, 오랜만에 친구들을 만날 때는 '소맥'을, 겨울

캠핑장에서는 따듯하게 데운 사케를 사랑했다.

술을 자제하기로 결심한 건 결코 자의적인 선택이 아니었다. 알코올이 내 몸에 문제를 일으킬 수 있다는 의사의 권고 때문이었다. 비슷한 시기에 금연을 성공했던 나는 금주라는 생각하지 못했던 과제에 맞닥뜨렸다. 과제는 어떻게든 이겨내면 될 일이지만 문제는 인간관계였다.

20세 이후의 기억을 떠올리면 나는 언제나 저녁에 술을 마시며 사람을 만났다. 술자리 횟수가 주 1~3회 정도였는데, 정확히 일주일 동안 술을 마시지 않은 적이 딱 한 번밖에 없을 정도로 술은 늘 나의 생활과 함께했다.

술을 자제하니 저녁에 사람을 만나서 노는 감각이 자연스레 떨어졌다. 그리고 저녁 만남의 횟수가 현저히 줄어들었다. 한동안은 상당히 우울했는데 코로나가 찾아와 모든 사람이 저녁 모임을 자제하면서 상태는 조금 나아졌다.

그렇게 개인적인 이유와 사회적인 여건이라는 이유로 인간관계가 재편되었고 꼭 필요한 사람만 만났다. 고독하다고 좋을 건 없었지만 그렇다고 나쁜 것만 있는 건 아니었다. 저녁 시간에 가족과 함께 있는 시간이 늘어나면서 아들과 자주 캐치볼을 했다. 더불어 독서량이 늘어나면서 정해진 시간에 집중해 글을 쓰는 습관이 생겼다. 이 책도 고독이라는 환경이 내게 주어지지 않았다면 쓸 수 없었을 것이다.

요즘은 직장 은퇴가 빠르고, 한 가정의 자녀가 많아야 2명이며, 무자녀 부부나 싱글족이 넘쳐나는 시대다. 즉 우리에게 고독은 좀 더 빨리 찾아올 수 있다. 이미 가까운 친척 사이의 만남 횟수가 줄어들고 있으며, 명절 연휴에 해외로 나가는 이들도 늘고 있다. 최근 어떤 이는 가족의 해체라는 미래까지도 예견하는 실정이다.

고독을 행복의 길로 연결하자

하지만 늙어가며 겪게 될 고독과 외로움에 대해서 나쁘게만 보지 않았으면 한다. 아르투어 쇼펜하우어Arthur Schopenhauer는 이렇게 말했다.[2]

> 인간은 원래 오직 자기 자신과 완전히 융화할 수 있다. 친구와도 애인과도 완전히 융화할 수는 없다. 개성이나 기분이 다르다는 사소한 차이 때문에 언제나 불협화음이 일어난다. 그 때문에 진정한 평화이자 완전한 내면의 평정, 즉 건강 다음으로 이 지상에서 가장 중요한 재화는 고독 속에서만 발견할 수 있으며, 철저한 은둔 상태에서만 지속적인 평정을 가질 수 있다.

이 말은 사람을 만나면 스트레스를 받기 마련이라는 의미다. 그럼에도 사람들이 고독을 추구하지 않는 이유에 대해서 쇼펜하우어는 사람들이 고독한 상황을 견뎌내지 못하기 때문이라고 설명한다. 사람들은 마치 가수 이정선의 노래 〈외로운 사람들〉의 가사처럼 '수많은 이야기를 나누다가 집에 돌아와 혼자 있으면 밀려오는 외로운 파도'를 고독 속에서 느낀다.

우리는 외로움을 느끼면 누군가를 만나려고 하는데, 쇼펜하우어는 그런 사교 생활이 오히려 마음의 평정을 해치고 자신을 타인에게 의존하는 사람으로 만든다고 비판했다. 그는 "자기 자신에게만 의지할 수 있는 사람, 자기 자신이 전부일 수 있는 사람이 가장 행복하다"라고 말했다. 이것이 삶과 세상을 비관적으로 바라보았던 쇼펜하우어의 조언이다.

그의 말이 옳다면 우리는 고독을 두려워할 게 아니라 행복의 길로 연결할 줄 아는 사람이 되어야 한다. 그는 고독은 우울한 상황의 조건이 아니라 행복을 발견할 수 있는 조건이라며 단순한 삶을 강조했다.

권태를 일으키지 않는 범위 내에서 될 수 있는 한 여러 관계를 극도로 단순화하고, 심지어 생활 방식을 극히 단조롭게 해야 행복해진다.

오십이 앞으로 어떻게 살 거냐고 물었다

50대는 몸의 다이어트뿐만 아니라 인간관계의 다이어트가 필요한 시점이다. 스마트폰 연락처를 골똘히 확인하며 앞으로 남은 삶을 함께하고 싶은 친구의 명단을 만들어보자. 아마도 명단에 그렇게 많은 사람이 있지 않을 것이고, 대부분이 봐도 그만, 안 봐도 그만인 사람들일 것이다. 분기별로 한 번은 만날 친구들 명단을 정리해보고 1년에 한 번은 만날 친구들도 명단으로 정리해 인간관계의 다이어트를 시도해보자.

그리고 은퇴하기 전에 미리 고독에 빠지는 연습을 해보자. 매일 일정 시간을 할애하기가 어렵다면 주말 하루와 주중 저녁 하루 정도, 이렇게 총 이틀 동안 자신만의 고독한 시간에 수행할 비밀스러운 일을 시작해보자. 더 나아가 이 연습으로 나만의 행복의 길을 한번 찾아보자.

내가 추천하는 수행 방법은 자신만의 콘텐츠를 정리해가는 일이다. 나이가 50이 되면 누구나 생업이나 조예가 깊은 취미 같은 자기만의 콘텐츠를 하나씩은 가지고 있을 것이다. 이것을 글이나 이미지 등으로 정리해보면 인생 제2막을 설계하는 데 적지 않은 도움을 받을 수 있다.

아르투어 쇼펜하우어(1788~1860)

그는 당대에 유행했던 게오르크 빌헬름 프리디리히 헤겔Georg Wilhelm Friedrich Hegel의 관념적인 철학과 달리 이성보다는 직관, 의지, 감정을 중시했다. 그의 글에는 이러한 요소들이 적나라하게 표출되어 있고, 삶에 대한 냉소적이고 비관적인 정서가 함께 드러나 있다. 프리드리히 니체Friedrich Nietzsche, 앙리 베르그송Henri Bergson과 묶어서 그의 사상을 '생生의 철학'이라고 부르기도 한다.

· 인간은 본래 친구나 애인과 완전히 조화를 이룰 수 없다. 인간관계를 줄이고 단순하게 살아야 행복해질 수 있다.

고독을 두려워할 게 아니라
행복의 길로 연결할 줄 아는 사람이
되어야 한다.

꼰대는 어떻게 탄생하는가

논리학: 일반화

성급한 일반화의 오류

대학에 들어갔을 때 우리 대학 사람들은 맥주를 마시고, 매년 가을 정기전 상대인 모 대학생들은 막걸리를 주로 마신다는 이야기가 있었다. 직접 대학을 다녀보니 나와 아무런 관계가 없는 낭설임을 금방 알아차렸다.

나는 파전이나 도토리묵을 먹을 때는 막걸리를 마시고, 골뱅이무침 또는 치킨을 먹을 때는 맥주를 마셨다. 즉 어떤 술을 마시는지는 나의 대학 소속과 아무런 관련이 없었다. 술상에 쥐포와 번데기

탕이 있을 때 굳이 와인을 마시지 않고, 치즈와 크래커가 있는데 소주가 생각날 리 없다.

'성급한 일반화의 오류'로 일반화된 명제를 받아들이는 순간 단지 머릿속 문제로 끝나지 않고 우리 삶에 영향을 준다. 신입생이 '우리는 주로 맥주를 마신다'라는 명제를 사실로 받아들이는 순간 그 사람은 조금이라도 맥주를 더 선호하게 될 가능성이 높다. 다시 말해 일반화는 우리에게 세상의 진실을 알려줄 수도, 아닐 수도 있으나 우리의 사고나 행동 방식에 지대한 영향을 끼친다. 그러므로 일반화는 더욱 신중하게 이루어져야 한다.

일반화의 예를 들면 다음과 같다. '어느 지역 사람은 성격이 어떻다.' 'B형 남자는 바람을 잘 피운다.' '여자는 보통 이런 성향이다.' '뚱뚱한 사람은 둔하다.' '마른 사람은 예민하다.' '교수와 공무원은 현실감각이 부족하다.' '사람은 검은 머리 짐승이다.' '조선족은 어떻다.' '좌파는 종북이다.' '우파는 토착 왜구다'라는 식으로 여러 가지가 있다.

한편 일반화는 머릿속을 정리할 때 도움이 된다. 단순하게 일반화 방식으로 생각하면 복잡해 보이는 세상이 간단하게 보인다. 그러나 이러한 특성 때문에 일반화는 폭력의 논리로 사용된다. 나치의 '게르만 민족은~' '유대 민족은~'과 같은 명제에 '따라서'가 붙으며 합리화되었다. 이로 인해 인류는 상상할 수 없는 비극을 겪어야 했다. 사실 대한민국 국민은 서로 비슷해 보이지만 깊이 들어가면 일반화가 불가능할 정도로 개개인이 다르며, 이는 전 세계로 확장해도 마찬가지다.

조선인은 겁이 많다

최근에 누군가의 추천으로 잭 런던[Jack London]이라는 작가의 『야성의 부름』을 읽었다. '벅'이라는 강아지가 주인공인 독특한 소설이었는데, 미국 남부의 평온한 가정에서 지내던 벅이 납치되어 알래스카에서 금을 캐러 온 이들의 썰매견으로 합류한 후 늑대와 같은 본연의 야성을 되찾아가는 내용이었다.

잭 런던은 삶 자체가 소설처럼 흥미로운 작가다. 사생아로 태어나 공장 노동을 전전하다 알래스카로 금을 찾아 떠났고, 그때의 경험을 토대로 썼던 『야성의 부름』은 초대형 베스트셀러가 되었다. 그의 작품을 1권 더 읽어보려던 중 그가 1904년 러·일전쟁 당시 종군기자로 자원해 조선 땅을 밟았다는 사실을 접했다. 그때 발간한 책이 『잭 런던의 조선사람 엿보기』[3]다. 이 책에 적힌 조선인에 대한 몇 가지 평가는 이렇다.

- 조선인은 의지와 진취성이 절대적으로 부족하며 지구상의 모든 민족 중에서 가장 비능률적인 민족이다.
- 조선인은 겁이 많다. 그런 두려움이 게으름을 낳았다.
- 조선인은 무엇을 어떻게 하는지 몰라도 배우려고도 하지 않는다.

'겁이 많아서 게으르다'라는 그의 추론을 생각해보았다. '겁이 많으면 진취적인 행동을 하지 않으니, 무언가 해보려고 하지 않고 배우려고도 하지 않겠구나'라고 생각하면, 조선인에 대한 그의 부정적인 평가 몇 가지가 이해된다.

당시 조선에 체류했던 외국인의 글 가운데서도 조선인에 대한 비슷한 평가들이 보인다. 이렇게 그들의 유사한 진술이 조금의 진실을 담고 있지 않다고는 할 수 없다. 적어도 그들의 경험세계에서 위 진술은 진실이었다. 하지만 1916년 사망한 잭 런던이 100년 후 조선의 모습을 미리 볼 수 있는 예지력이 있었다면 위 명제들을 없애거나 수정했을 것이 틀림없다.

우리가 만약 잭 런던의 명제들을 '참'이라고 받아들였다면 어땠을까? 우리는 그 명제를 받아들여 진취적이지 않고 배움에 대한 열의도 없이 살았을지도 모른다. 우리 민족이 일제로부터 해방한 이후 성장할 수 있었던 까닭은 위 명제와 다르게 우리 스스로를 규정하고 '우리도 할 수 있다'라고 여겼기 때문이다.

꼰대로 가는 길

대부분의 일반화는 이런 류의 편견과 다를 바 없다. 누군가에게 일반화의 잣대를 들이대는 태도는 잭 런던의 조선인들에 대한 평가처럼 폭력적이면서도 항구^{恒久}적인 참이 아닐 가능성이 높다. 특히 나이를 먹어갈수록 일반화를 조심해야 한다. 조금 더 늦게 태어난 젊은이들보다 조금 더 인생을 경험했다는 이유로 인류의 진리를 알고 있다는 듯이 일반화를 떠들면 곤란하다.

대한민국의 수많은 50대가 꼰대로 변하는 데는 철학적 이유가 있다. 근대과학의 방법론을 제시한 프랜시스 베이컨^{Francis Bacon}의 지적을 들어보자.[4]

인간 지성은 방치하면 일반화라는 좋지 않은 습성에 빠지게 된다. 인간 정신은 빨리 일반 명제로 비약해 그곳에 안주하고 싶어 하고, 어떤 주제를 집요하게 파고드는 일에 쉽게 피로를 느끼기 때문이다.

한번 일반화된 명제가 머릿속에 들어서면 그것을 쉽게 버리지 못한다는 말이다. 우리가 어릴 때 과학을 배우면서 알게 된 건 무엇인가? 인간이 알고 있는 것은 세상 모든 진리의 한 줌도 되지 못한다는 것과 늙어서도 늘 새로운 눈으로, 호기심 어린 눈으로 세상을

오십이 앞으로 어떻게 살 거냐고 물었다

바라보아야 한다는 것이다. 베이컨도 그런 자세를 요구했다.

인간 지성은 추상화하는 경향이 있어 끊임없이 변화하는 것을 고정불변의 것으로 여긴다. 추상화보다는 분해하는 것이 낫다.

호기심 가득한 눈으로 세상을 세세하게 보자. 일반화와 멀어지는 삶이 당신을 꼰대에서 멀어지게 할 것이다.

프랜시스 베이컨(1561~1626)

결론이 정해진 아리스토텔레스Aristoteles의 삼단논법을 비판하면서, 실험을 통해 가설을 세우고 자연의 비밀을 알아내는 '과학 연구 방법'을 새롭게 제시한 영국의 경험론자다. 근대 과학의 선구자로 평가받는 그의 "아는 것이 힘이다"라는 명언은 이런 배경에서 나왔다. 그는 탁상공론卓上空論과 같은 추상적인 이야기 대신 구체적인 관찰과 분석, 실험을 강조했다.

- 추상적인 개념(예: 행복, 성공)을 이야기하지 말고 구체적인 것을 분석해야 한다.
- 섣불리 일반화하지 않아야 한다.

꼰대에서 벗어나는 길

조너선 하이트

소통을 확인하는 법

신입 사원 시절을 회상해보면 사무실에는 대략 나이가 30대인 사수가 있고, 40대인 팀장이 있으며, 약간 먼 곳에 적당히 배 나오고 머리도 벗겨진 분이 앉아 계셨다. 아무 말도 하지 않고 앉아 있어도 외모와 분위기 때문에 이미 그에게서 꼰대 느낌이 났다. 때로는 친밀감을 표현하면서 그가 내게 다가올 때는 '잘 보여야 한다'라는 의지가 앞섰다. 그러나 점차 그의 이야기를 들으면 들을수록 지루했고, 대화 분위기도 무거워서 되도록 그를 피했다. 원하지 않지만 우리도 그런 모습의 50대가 되어가고 있다.

그저 세월을 보냈을 뿐인데 왜 50대는 꼰대가 되어갈까? 알다시피 꼰대는 기성세대가 서로를 비방할 때 쓰는 말이 아니라 2030세대가 5060세대를 비방할 때 쓰는 표현이다. 왜 2030세대는 20~30년 더 산전수전 겪은 선임들을 그런 시선으로 바라볼까? 정작 그 이유를 그들에게 물어보면 한결같이 나이 때문이 아니라 소통의 문제라고 이야기한다. 즉 5060세대가 어린 사람들과 소통할 자세를 갖추었다면 단지 나이 때문에 꼰대로 매도될 이유는 없다.

소통이 되고 있는지 확인하는 방법은 간단하다. 둘 사이의 대화가 '쌍방향으로' 이루어지는지 확인하면 된다. 양쪽에게 주어진 발언 기회나 대화의 비율이 1:1일 필요는 없다. 이를테면 동종 분야에서 일한다고 가정할 때, 50대는 30대보다 당연히 더 많은 역량과 경험, 지식을 가지고 있고 마땅히 후배들에게 이것들을 전수해야 한다. 또 후배들이 사적으로 도움을 요청하면 도울 수 있는 자상함도 갖추면 좋다. 그러니 이 경우 주로 대화 중에 말하는 이는 50대가 될 수밖에 없다.

하지만 그러한 상황이라도 지속적으로 수요자(듣는 이)의 요구를 파악하지 않으면 소통은 불필요한 이야기로 흐르게 된다. 그리고 그 요구를 확인하려면 듣는 이들의 이야기도 중간중간 들어볼 수밖에 없다. 결국 소통하는 관계란 둘 사이 발언하는 비율이 동등

할 필요는 없지만, 불통의 관계와 비교할 때 말하는 분량이나 기회의 면에서 더 균형을 갖춘 모습을 의미한다.

가치를 말할 때는

이제 업무를 떠나 가치가 개입된 견해를 '나눈다'라고 가정해보자. 이때는 둘 사이가 완벽하게 대등한 관계임을 이해해야 한다. 예를 들어 대통령 선거를 앞둔 둘은 동일하게 한 표를 행사할 수 있는 성인이다. 그러니 누구를 뽑을지에 대한 주제에서 둘은 동일한 비중의 대화를 나누는 게 합당하다. 왜 A를 지지하는지, 왜 B를 지지하는지에 대한 나름의 이유가 있을 테고 그것으로 소통한다. 단순히 부장님이라는 이유로 신입 사원과의 대화에서 일방적으로 대화의 분량을 차지하면 소통의 부재로 이어진다.

요청하지도 않았는데, 업무가 아닌 '가치를 가르치려 하는 사람'은 누구나 싫어한다. 100년의 절반을 살아온 50대는 세상에 대한 관점이 강하게 형성되어 자기 생각을 바꾸려 하지 않는 특징이 있는데, 여기서 꼰대냐 아니냐를 결정짓는 것은 누군가에게 자신의 가치를 설파하려는 태도의 유무에 있다. 우리가 2030세대에게 가르쳐주고 전수해야 할 것은 경험과 지식이지 '견해'가 아니다. 견해

오십이 앞으로 어떻게 살 거냐고 물었다

는 가르치는 게 아니라 나누는 것이다.

평균적으로 50대는 30대보다 더 많은 책을 읽었고, 더 많은 나라를 가보았으며 더 많은 사람을 만났고, 더 많은 세월을 관찰했다. 그러나 경험과 지식이 더 많다고 해서 더 올바른 판단을 할 수 있다는 생각은 옳지 않다. 광장에 나와 태극기를 흔드는 어르신들의 판단이 촛불을 들고 있는 젊은이들의 판단보다 우월하다고 확신할 수 있을까? 선거에서 50대의 선택이 20대의 선택보다 훌륭하다는 근거가 있을까? 그렇지 않다. "네가 아직 세상을 잘 몰라서 그런 후보를 지지하는 거야"라고 생각하고 말하는 순간, 우리는 꼰대가 되어 버린다.

우리 안의 코끼리

과연 우리는 나이를 먹었다는 이유로 이전보다 더 도덕적이고 옳은 판단을 할 수 있을까? 우리의 가치 판단은 어느 정도 신뢰할 수 있을까?

이성을 가지고 어떤 사안을 충분히 고민하면 현명한 결정을 내릴 수 있다는 관점은 20세기 도덕심리학자들의 전통적인 견해였다. 그러나 최근에는 직관(머리로 고민하기 전에 즉각 떠오르는 판단)이 이성理性 못지않게, 아니 오히려 더 중요한 영향을 끼친다는 주장들이 대두되고 있다.

조너선 하이트Jonathan Haidt는 『바른 마음』[5]에서, 마음을 사람이 코끼리 위에 탄 모습에 비유했다. '코끼리에 올라탄 사람'이 인간의 마음을 시각적으로 보여준다는 것이다. 여기서 코끼리는 우리 마음 속의 직관을 의미하고 사람은 이성을 의미한다. 어떤 상황에 처하거나 무언가를 보면, 올라탄 사람이 머리로 고민하기 전에 코끼리가 먼저 어느 한 쪽으로 방향을 트는데, 코끼리가 트는 방향이 바로 자신의 취향에 따른 직관적인 반응이다.

예를 들어 폭력을 일삼거나 거짓말하는 사람을 보면 혐오감이 들면서 내면의 코끼리는 방향을 돌려 그 사람을 피한다. 반면 남을 배려하고 정직한 사람을 보면 친근감을 느껴 내면의 코끼리는 그쪽으로 가려고 한다. 하이트의 주장에 따르면, 우리가 '바른 마음'이라고 믿는 것들은 대체로 우리 안의 코끼리가 직관적으로 트는 방향의 결과물이다.

코끼리 위에 탄 사람(이성)은 코끼리를 미리 제어할 능력이 없고, 그저 사람은 코끼리가 튼 방향을 본 후에야 비로소 코끼리의 움직임을 합리화, 정당화한다는 것이다. 그렇다면 각자의 코끼리를 타고 있는 20대의 이성과 50대의 이성은 단지 직관의 결과를 합리화하고 있을 뿐이다. 그의 견해대로라면 우리의 도덕성 혹은 가치 판단은 현란한 언어로 그럴싸하게 포장되지만, 실상은 '혐오감'에 기초한다고 할 수 있다.

당신의 코끼리는 해외 난민이나 우리나라에 거주하는 불법 체류자들을 보면 어떤 반응을 보이는가? 또 성 소수자들의 퀴어 축제를 보면 어떠한가? 지금의 여당 혹은 야당의 스피커 역할을 하는 이들의 얼굴을 보면 어떠한가?

50대의 코끼리가 20대의 코끼리보다 도덕적으로 우월할 리는 없다. 우리가 느끼는 혐오감이란 각자의 특징적이고 직관적인 정서일 따름이다. 이스라엘의 저명한 역사학자이며 미래학자인 유발 하라리Yuval Harari는 우리가 투표장에서 투표할 때 합리적인 판단을 내리고 표를 던지는 것 같지만, 실상은 '직관적으로' 가장 덜 혐오스러운 느낌을 주는 사람을 선택하는 행위일 뿐이라면서 민주주의의 위기를 경고한 바 있다.[6]

우리가 꼰대가 되는 이유는 도덕적으로 혹은 가치 판단과 관련해 세상을 덜 살아본 젊은이들보다 더 우월하다는 착각 때문이다. 이성이 아닌 직관에 따른 각자의 혐오감을 이야기 나누는 데 무슨 우열의 차이가 있겠는가?

50대가 꼰대에서 벗어나는 일은 그렇게 어렵지 않다. 정말 간단하다. 따스하게 젊은이들에게 경험과 지식을 전수하는 것이다. 그러나 굳이 젊은이들이 먼저 물어보고 도움을 청하지 않는다면 자신만의 가치 판단을 강요하지 말자. 그리고 가치 판단, 견해를 '나눌 때' 둘은 나이가 어떻든 완벽하게 평등하니 대화의 비율도 1:1로 유지하자. 만약 이렇게 한다면 당신을 보고 그 누구도 꼰대라고 부르지 않을 것이며 후배에게 존경을 덤으로 받게 될지도 모른다.

조너선 하이트(1963~)

미국의 심리학자로, 인간의 이성보다 직관이 우리의 가치 판단에 더 크게 영향을 미친다는 점을 규명했다. 무언가에 대한 비판은 합리성보다 혐오감에 기초했을 확률이 높다. 그의 견해에 따르면 이성은 직관을 그럴듯하게 합리화하는 언어적 도구일 뿐이다.

• 우리의 가치 판단은 합리적인 숙고의 결과인 것 같지만 직관에 따른 즉각적인 반응일 뿐이다.

자녀와 거리를 두어야 한다

알프레드 아들러

DNA와 기른 정

30대 혹은 그 이전에 아이를 낳았다면 50대의 자녀는 대학생이나 직장인일지도 모른다. 하지만 나처럼 아이를 늦게 만났다면 아직 중학생이거나 초등학생일 수도 있다. 아이와 함께 지낸 세월이 그리 길지 않은 입장에서 이 주제를 이야기하는 게 겸연쩍기는 하지만, 공유하고 싶은 '분명한 생각'이 하나 있다. 그 생각에는 한 편의 영화가 영향을 끼쳤다.

〈그렇게 아버지가 된다〉에서 대기업 엘리트 사원인 주인공에게는 초등학교 입학을 앞둔 아들이 하나 있었다. 그런데 아들이 똑똑했던 자신의 어린 시절과 사뭇 다른 모습을 보여주어 주인공은 늘 아이에 대한 실망감이 있었다. 그러던 어느 날 산부인과에서 충격적인 연락을 받았는데, 주인공의 아들이 사실은 같은 산부인과에서 같은 날 태어난 다른 집의 아들이라는 것이다. 바뀐 아이의 원래 가정은 자녀가 여럿이고 형편이 좋지 못하지만 화목했다. 긴급히 양쪽 부부가 만났고, 주인공의 요청으로 일단 일주일에 한 번씩 아이를 맞바꾸어 생활하며 친부모와 적응하는 기간을 가지기로 했다.

처음에 주인공은 2명의 아이를 모두 자기가 키우겠다고 제안했다. 적절한 보상을 하겠다거나, 당신은 자녀가 많은 데다 아이가 가난한 집에서 자라는 것보다 유복한 우리 집에서 자라는 게 좋지 않겠냐고 회유했다. 그러나 이는 상대 부모에게 깊은 상처만 남길 뿐이었다. 결국 주인공은 아이를 맞바꾸어 친아들만 데리고 오겠다고 결정하고 합의했다. 그리고 이후의 이야기가 펼쳐졌다.

가정이기는 하지만, 만약 내게도 같은 상황이 펼쳐진다면 어떤 선택을 했을까? 만약 두 가지 선택지(그대로 키우든지 바꾸어서 키우든지) 중에서 하나밖에 선택할 수 없다면 어떻게 해야 할까? 한 아이의 아버지가 아니었던 당시의 나는 분명한 답을 가지고 있었다. 영화 전반부에 주인공이 했던 생각, 나와 DNA가 일치하는 아이가 우선이라는 생각이었다. 그런데 영화를 본 후 아내와 이야기해보니 아내는 영화 속 주인공의 아내와 비슷한 입장이어서 길렀던 정을 조금은 더 중요시하는 듯했다. 그 후 머지않아 나는 생물학적 아버지가 되었다.

세월이 조금 흘러 아들이 초등학교 입학을 앞두었을 때 그 영화가 다시 떠올랐고 나는 생각이 좀 바뀌어 있었다. 정말 두 선택지 중 하나밖에 선택할 수 없다면 지금까지 추억을 나눈 아들을 그대로 키우자는 쪽으로 바뀌었다.

이 상상 속의 선택은 단순히 자식을 기르면서 생긴 정 때문만은 아니다. 8년간 만나지 못한 친아들에 대한 사랑과 배려 때문이기도 하다. 그 아이에게 세상의 전부였을 가족과의 이별이라는 상처와 혼란보다는, 세상에 또 다른 부모가 있다는 넉넉함을 전하는 것이 아이의 행복을 위해 더 현명한 선택이라고 생각했다.

이 영화는 나를 양육과 관련해 한 가지를 더 생각하게끔 만들었다. 바로 부모로서 자녀의 소유자가 아니라 '후견後見인'이 되겠다는 다짐이었다. 후견은 뒤를 봐준다는 뜻이다. 영화 속 허구의 이야기이기는 하지만 10년간 기른 남의 자녀를 내 자녀와 바꿀 수 없다면, 그것이 자녀의 행복을 바라는 현명한 아버지의 판단이라면, 나와 자녀의 관계는 욕심과 집착보다 그 '현명함'이 우선되어야 한다는 다짐이다.

아이가 잘되기를 바라지 않는 부모는 없을 것이다. 그런데 현명한 부모가 되려면 그런 단순한 바람만으로는 부족하다. 부모는 아이를 위한 어느 정도의 교육철학을 갖추어야 한다. 철학은 '~란 무엇인가?'와 같은 주관식 질문(이런 질문은 본래 답하기 어렵다)에 자신의 생각을 답하는 일이다. '아이가 잘되는 게 무엇인가?'라는 질문에 답안을 어느 정도 작성할 수 있어야 아이를 위한 교육 전략이 잡힌다.

나는 아이가 즐겁게 살기를 바라지만 그것만 바라지는 않는다. 기뻐할 때 기뻐할 줄 알고 슬퍼할 때 슬퍼할 줄 아는 사람이 되기를 바란다. 인간관계에서 좋아할 만한 사람을 좋아하고, 사랑할 만한 사람을 사랑하고, 또 미워할 만한 사람을 미워하기를 바란다. 누군가를 향한 분노의 감정이 일 수 있으나 그것으로 스스로를 잃지 않는 사람이 되기를 바란다. 고등학교를 졸업할 때쯤에는 그간 공부를 해왔으니 '공부란 무엇인가'라는 질문에 무언가 대답할 수 있는 사람이 되기를 바란다. 그리고 삶의 의미를 놓치지 않고 살아가길 바란다. 다르게 표현하자면, 돈을 추구하되 돈보다 종이 한 장만큼이라도 더 높은 가치를 지니는 무언가를 하나쯤 품고 살아가기를 바란다.

아이에 대한 나의 바람은 대략 여기까지다. 여기에는 어떤 대학, 어느 정도의 재산, 어떤 집과 차, 어떤 직업, 어떤 배우자 이런 바람은 없다. 그런 생각은 아이 중심의 사고가 아니라 어른 중심의 사고이고, 알프레드 아들러^{Alfred Adler}식 표현으로 말하자면 그것은 '아이의 과제'이지 '부모의 과제'가 아니다. 그리고 앞에 적은 아이에 대한 나의 바람은 결코 쉬운 과제가 아니기에 그 일을 수행하기에도 부모로서는 벅차다.

개입의 메커니즘

뉴스를 보니 코로나 시기에 어떤 대학 교수가 대학생 자녀의 비대면 시험을 대신 봐주었다고 해서 망신을 당했다. 어떤 교사는 자신이 재직 중인 학교에 다니는 자녀에게 몰래 입수한 시험지를 건네준 혐의로 재판을 받았다. 어떤 정치인은 불공정한 과정을 거쳐 자녀를 공기업에 입사시키는 문제를 일으켰다.

이 모든 일은 아마 자녀를 너무나 사랑했기 때문에 일어났을 것이다. 다만 내 해석을 조금 덧붙이자면, 아마도 자녀의 주체적 삶보다 자기 자신의 체면을 더 사랑했을 것이다. 자녀가 부모에게 저런 제안을 먼저 했다고는 생각되지 않는다.

이처럼 사랑은 우리를 참으로 여러 가지 일을 하게 만든다. 사랑하면 어떤 일이든 개입하게 된다. 문제는 개입할 영역과 개입해서는 안 될 영역을 구분하지 못한다면 자녀와의 갈등을 피할 수 없다는 것이다. 교육철학이란 그 영역을 구분하는 것에서 출발해야 한다. 그런데 그 구분을 잘 하려면 개입의 메커니즘을 인간의 본성과 관련해 이해할 필요가 있다.

앞서 언급한 교수, 교사, 정치인의 자녀들이 결혼을 한다고 가정할 때 어떤 그림이 그려지는가? '논리적으로, 필연적으로' 그들은 자녀의 배우자(며느리 혹은 사위)에 지대한 관심을 가지게 될 것이고 마음에 들지 않을 경우 결혼을 허락하지 않을 것이다. 왜냐하면 그들은 자녀를 끔찍이 사랑하기 때문이다.

내 상식으로는 자녀가 어떤 배우자와 함께 살아갈지 정하는 건 전적으로 자녀 스스로 판단해야 할 일이다. 자녀는 결혼 후 독립해 살면서 부모와 가끔 보는 사이가 된다. 다시 말해 나와 한집에서 함께 사는 사람이 아니라 자녀와 평생을 함께할 사람을 결정하는 데 내 견해가 중요하게 고려되어야 할 이유가 어디에 있겠는가? 만약 내가 며느리가 될지도 모를 누군가에게 무언가 불만을 이야기하면서 학력, 출신지역, 부모의 재산, 직업, 외모, 패션과 같은 요소를 대화 주제로 꺼냈다고 하자. 이는 성인으로서 자립한 아이의 선택에 대한 심대한 침해이고, 부모의 가치관을 강요하는 행위이며, 심지어 인간에 대한 예의가 사라진 것이다.

그렇게 오지랖이 넓고 무례한 사람이 되지 않기 위해서는 일찍이 자녀와 일정한 거리를 두는 연습을 해야 한다. 사실 '거리를 두자'라는 말은 정확한 표현이 아니다. 자녀를 덜 사랑하자는 말이 아니라 개입할 영역과 개입하지 말아야 할 영역을 구분해 양육하자는 말이다.

이를테면 등골이 휘어지게 학원비를 쏟으며 자녀의 대학 입시와 진로 때문에 안절부절못하는 부모들을 언제 어디서나 볼 수 있다. 만약 아이가 부모와 같은 이유로 불안해한다면 부모는 그 문제를 해결하기 위해 함께 고민하고 도와주어야 한다. 그러나 정작 아이는 불안하지 않은데 부모가 나서서 안절부절못한다면, 이는 멀쩡한 아이를 불안한 상태로 몰아가는 자세다.

그렇게 자녀를 위해 시간적, 심리적, 경제적으로 희생한 부모는 논리적, 필연적으로 자녀의 대학, 학과, 진로 선택을 위해 자신이 희생한 만큼 자녀에게 보상을 요구한다. "내가 너한테 쏟아부은 게 얼마인데 기껏 이 정도밖에?"라고 생각하는 것이 대한민국 부모가 자녀의 선택에 개입하는 메커니즘이다.

해설은 부모의 과제가 아니다

"내가 살아보니 세상은 이렇더라"라는 부모의 이야기는 중요하지 않다. 어차피 아이는 살아가면서 세상이 어떻게 돌아가는지 배울 것이기 때문이다. 부모가 아이에게 해주어야 할 일은 부모의 주관이 담긴 세상에 대한 견해를 강요하는 게 아니라 아이가 다양한 세상을 경험하고 그로부터 배우도록 도와주는 일이다.

그 결과 어떤 가치관을 가질지, 어떤 꿈을 가질지, 어떤 대학을 갈지, 어떤 직업을 꿈꿀지, 어떤 배우자를 선택할지 고민하는 과제를 아이가 스스로 해결할 수 있다. 아이는 그 과제를 수행하면서 '행복'이라고 하는 인생의 목표를 주체적으로 찾아간다. 행복은 매우 주관적인 정서이므로 결코 부모가 대신해서 만들어줄 수 없다.

후견인은 부모에 비해 자녀와 거리가 멀어지는 느낌이지만 이 간격으로 인해 자녀와의 갈등 대부분을 피할 수 있다. 자신의 선택을 존중하고 뒤에서 밀어주겠다는 부모를 싫어할 자녀가 어디 있겠는가?

부모 입장에서도 자녀에 대한 짐을 덜 수 있다. 후견인은 가진 것의 범위 안에서 도움을 줄 뿐이어서, 자녀가 성장해 결혼하고 독립하는 과정에서 부모의 능력을 벗어나는 도움을 주어야 한다는 강박관념을 가질 필요가 없다. 그리고 대부분의 자녀는 부모가 그런 강박관념을 가지는 것을 원하지도 요구하지도 않는다.

사랑할수록 약간의 거리를 두고 자녀가 스스로 걷도록 독려하자. 그리고 만약 아이가 넘어지면 일어나서 다시 걸을 수 있도록 격려하자. 넘어지는 건 사실 별것 아닌 일이라고, 넘어졌으니 앞으로 더 현명하게 걸어갈 수 있다고, 부모도 네 나이 때 마찬가지로 넘어졌고 다시 일어났다고 말해주자. 그리고 아이에게 분명한 뜻을 전하자. 부모를 신경 쓰지 말고 자신이 가고 싶은 길을 용기 있게 나아가라고, 부모를 위해서가 아니라 자신을 위해 이 세상을 살아가라고, 그렇게 스스로 행복의 길을 찾아갈 때 부모도 더없이 행복해진다고 전하자.

알프레드 아들러(1870~1937)

아들러는 인간의 심리가 과거의 트라우마보다 '현재 그가 (의식하고 있든 아니든) 무엇을 의도하고 있는지'에 달려 있다고 주장했다. 이를테면 수업 시간에 문제 행동을 보이는 아이들 중에는 '선생님의 관심을 끌려는 의도'가 숨어 있을 수 있다. 그는 현재의 심리를 치유하기 위해 과거의 트라우마를 드러내는 방식보다 지금의 심리적 목표를 드러내는 방식을 택하고 변화를 요구했다. 그리고 그는 사람의 심리는 공동체를 떠나서 존재할 수 없다는 관점을 가졌기에 모든 문제를 '인간관계'의 문제로 파악하려고 했다.

• 우리의 모든 고민은 인간관계와 관련이 있다.
• 부모의 과제가 있고 자녀의 과제도 따로 있다. 타인의 과제에 함부로 개입해서는 안 된다.

꿈을 강요하지 말자

꿈이 있어야 공부한다는 착각

늦가을이면 가끔 사설 입시 학원에서 모의면접을 위해 면접관 역할을 맡아달라는 요청을 받고는 한다. 내가 하는 일은 학원에서 준비한 여러 예상 질문들 중에서 몇 가지를 선택해 묻고 학생들의 답을 들은 후 그에 대해 답변을 하는 정도다. "어떤 대학에 가려면 이런 부분을 강조해서 대답해야 한다." "결론을 먼저 이야기하고 나서 그렇게 생각하는 이유를 말하라." 같은 화법을 가르치는 강사는 따로 있고, 나는 단순히 질문에 대한 학생들의 답이 합리적이고 설득력이 있는지를 알려준다.

나는 어떤 대학에서 좋아할 만한 특별한 대답이 있다라고 생각
하지도 않고, 이유부터 먼저 말하고 결론을 나중에 언급하면 안 된
다라고 생각하지도 않는다. 학원에서 그렇게 가르쳐달라고 부탁했
다면 당연히 응하지 않았을 것이다. 이런 미온적인 태도를 보였는
데도 '내 역할'의 필요성이 있었는지 특목고 입시 학원에서도 이런
부탁으로 연락이 오더니, 급기야 얼마 전에는 국제중학교 입시 학
원에서도 연락이 왔다.

아직 어린 태를 벗지 못한 초등학교 6학년 친구들을 상대해야
했다. 이 아이들은 모두 자신이 어떤 꿈을 가지고 있고, 이 중학교
에 들어가면 자신의 꿈을 이루는 데 큰 도움이 될 것이며, 사회에
봉사하고 싶어서 자신이 그런 꿈을 가지게 되었다는 이야기를 했
다. 학교에서 우수하다는 그들의 꿈은 아쉽게도 매우 제한적인 직
업 몇 가지에 머물러 있었다. 빠른 진로 결정은 오히려 이 똑똑한
아이들의 상상력을 축소시키지 않을까?

이 과정은 대학 입시를 준비하는 고등학교 3학년 학생도 겪는
다. 이 과정의 특징은 '꿈→그것을 이루기 위한 노력'이라는 구조
로 이루어져 있다는 점이다. 이 인식이 워낙 뿌리 깊게 박혀 있다
보니, 우리 사회는 너무 어렸을 때부터 아이들에게 꿈을 가질 것을
강요한다. 왜냐하면 아이가 꿈을 가져야 공부를 열심히 할 거라고

생각하기 때문이다. 그런데 나는 이것을 우리 사회의 거대한 '착각'이라고 생각한다.

꿈은 배움의 결과물이다

내 견해로는 어떤 다짐이나 꿈을 성취하기 위한 배움은 작심삼일을 벗어나지 못한다. 공부는 거의 100% 습관으로 진행되어야 한다. 자녀가 스스로 열심히 공부하기를 원한다면 장래 희망을 세워줄 게 아니라 생활 습관을 잡아주면서 공부 습관을 함께 만들어주는 것이 좋다.

만약 우리의 배움이 단지 어떤 꿈을 달성하기 위한 행위라면 야구 선수가 꿈인 학생은 학업을 할 필요가 없고, 아이돌이 꿈인 학생들도, 먹방 유튜버가 꿈인 학생들도 더 이상 학교 공부를 할 필요가 없을 것이다. 그리고 세계문학은 대학 입시에서 출제되지 않으므로 청소년기 학생들의 관심에서 멀어질 것이다. 우리 사회는 실제로 그렇게 하고 있다.

자녀들이 공부해야 하는 까닭은 꿈을 이루기에 앞서 오히려 꿈을 찾기 위해서다. 사람은 누구나 배우다 보면 강요하거나 보채지 않아도 어떤 바람을 머릿속에 그리게 된다. 그런 바람이 생기면 그와 관련한 책을 찾아보고, 그것을 직업으로 삼기 위한 공부를 하게 된다.

냉엄하게 말해 진로는 대학 입시를 준비하는 때에 고민해도 늦지 않다. 또 그때까지 꿈이 없어도 대학교에 들어갈 때 전공을 정해서 지원해야 하므로 굳이 꿈이 아니더라도 자신이 더 공부해보고 싶은 전공으로 들어가면 된다. 구체적인 진로는 대학에 들어가서 고민해도 된다. 알다시피 대학을 졸업할 때까지 진로를 정하지 못한 학생이 얼마나 많은가?

자녀에게 꿈을 강요하지 않았으면 좋겠다. 왜 꿈이 없냐고 다그치지 않았으면 좋겠다. 꿈은 강요나 다그침으로 생기는 게 아니라 배움을 통해 자연스럽게 생기는 결과물이다. 자녀의 입에서 꿈과 관련한 이야기가 나오기 전까지 차분히 기다리는 편이 낫다. 기다림을 배우자.

나아가 어떤 진로를 제시하는 과정도 자녀와 호흡을 맞추면서 신중하게 이루어졌으면 좋겠다. 이때 부모는 자녀가 주체적으로 진로를 결정하도록 돕는 사람이지, 결단코 진로를 정해주는 사람이 아니라는 점을 명확히 알아야 한다.

우리도 인생을 스스로 열었으니 우리의 자녀도 그 길은 스스로 열어야 하는 것이 삶의 이치다.

부모다운 부모

어떤 부모가 되어야 할까? 동양에서는 훌륭한 사람을 표현하는 방식이 특별하지 않다. 제齊나라의 임금인 제경공齊景公이 공자에게 '바른 직무政'가 무엇인지 물었는데 공자는 이렇게 답했다.

> 임금은 임금답고, 신하는 신하답고, 부모는 부모답고, 자녀는 자녀
> 다운 것입니다.
> 君君, 臣臣, 父父, 子子.

여기서 '정명正名'이라는 개념이 섰다. 이름을 바르게 한다는 뜻인데, '부모답다.' '학생답다.' '선생답다'라는 건조한 표현에는 최고의 찬사가 담겨 있다. 물론 부모다움이 무엇인지에 관해서는 각자 생각이 다를 것이다. 하지만 '부모다움이 무엇인지' 꾸준히 고민해 본 사람은 분명히 자신만의 현명한 교육철학을 세우게 될 것이다.

50대의 나는 앞으로 아버지다운 아버지가 되기 위해 노력하고 싶다. 그렇게 나는 영화의 제목처럼 아버지가 '되어가고 있다.'

우리의 인생을 스스로 열었으니
우리의 자녀도 그 길은
스스로 열어야 하는 것이 삶의 이치다.

헤어지는 커플을 위해

논리학 : 부정

우리는 정말 사랑했을까

대학생 시절 1년 동안 학교에서 만났던 동생이 있었다. 취업을 준비하는 스터디 모임에 결원이 생겨 새로 들어온 학생이었는데, 사실 애초에 그녀를 마음에 둔 사람은 따로 있었다. 바로 스터디 모임 운영자였다. 운영자는 평소 얼굴이 하얗고 깨끗한 느낌을 주는 사람이 이상형이었다면서 새로 들어온 그녀에 대한 기대감을 살짝 표출했다.

나와 그녀는 둘 다 문과대 소속이어서 자주 마주쳤다. 점심을

오십이 앞으로 어떻게 살 거냐고 물었다

몇 번 같이 먹었는데, 한번은 학생 식당에서 그녀에게 관심을 보였던 스터디 모임 운영자와 우연히 마주쳤다. 그의 눈이 약간 커졌다가 이내 흘기듯이 작아지더니, 무언가 이해했다는 듯이 고개를 끄덕이며 어색한 미소를 한 번 짓고 그 자리를 벗어났다. 그리고 30분 후 "어쩐지 약간 수상쩍더라. 둘이 잘 어울린다. 나 신경 쓰지 말고 잘 만나"라는 내용의 문자를 보냈다.

그날 그녀와 함께 대화하며 조금 더 시간을 보냈다. "다음 스터디 때 우리 특별한 사이 아니라고 해명을 하자." "그럼 더 놀릴 것 같은데? 그런 거 있잖아, 아니라고 하면 굳이 해명하지 않아도 된다면서 더 부추기는 거." "그럼 우리 자칫 잘못하다 CC 되는 건가?" 이 말을 하다 우리는 동시에 웃었다. 그녀는 농담을 끝낼 생각이 없었는지 이렇게 말했다. "오빠, 그럼 우리 그냥 CC할까?"

그녀 덕분에 CC가 무엇인지 알게 되었다. 우리는 학교에서 자주 함께 있었고, 그렇게 같이 밥도 먹고 술도 마시고, 점차 각자의 지인들도 소개하고는 했다. 가끔 학교 바깥에서 쇼핑을 하거나, 연극을 보거나, 근거리로 여행을 다녀오기도 했다. 그렇다고 딱히 '사랑'이라는 감정이 들었던 것도, 그런 감정을 고백한 것도, 그런 감정에 대해 심도 있는 이야기를 나눈 것도 아니었다.

그렇게 1년이 지나갔다. 초가을 무렵에 나는 그녀에게 물었다. "우리 이제 CC 그만해도 될까?" 그녀에게 잘못이 있거나, 우리 사이에 문제가 있던 것은 아니었다. 더 깊이 있는 만남, 이를테면 사랑하는 사이로 발전할 것 같지는 않다는 생각이 들었기 때문이었다. 그래서 이쯤에서 정리해도(아니면 가끔 보는 사이로 지내도) 될 것 같았다. 이유도 그렇게 이야기했다. 우리는 늘 같이 다니기는 했지만 "널 더 이상 사랑하지 않아"라는 대화를 나눌 정도의 사이는 아니었다.

처음에 그녀는 당황한 듯했지만 크게 동요하지 않았다. 하지만 표정은 좋지 않았고 먼저 일어나겠다면서 나가버렸다. 그녀가 내게 다시 전화할 일은 없을 것 같았다. 우리 사이에 서로 없으면 못 살 만한 애절한 이야기는 기록되지 않았다.

몇 달 후 학교 앞 카페에서 기말고사 준비를 하는데 우연히 그녀와 친한 친구가 옆 테이블에 앉았다. 나를 발견하더니 격하게 반가워했다. 그리고 "잘 지내? 오빠도 알지? 걔가 그 오빠랑 사귀는 거"라는 소식을 들려주었다.

그 오빠라는 사람은 CC였던 우리와 자주 어울렸던 내 친구였다. 처음에는 분노와 실망이 약간 올라오는 듯했지만 금세 식었다. 그런 소식을 들었지만 이상하게 심적으로 큰 변화는 없었다. 오히려 같은 소식을 들은 다른 이들이 어떻게 그럴 수가 있냐며 성토했다.

만약 그녀에 대한 애절한 감정이 있었다면 어땠을까? 평온하게 지낼 수는 없었을 것이다. 본래 "널 더 이상 사랑하지 않아"는 사랑하는 사이에서는 벼락같은 이야기다. 때때로 감정은 갑작스러운 변화를 보인다. 사랑이 미움이라는 감정으로 변하는 건 한순간이다. 사랑하기 때문에 미워하게 된다.

하지만 사랑하는 사람이 아니라면 굳이 미워할 필요는 없다. 사랑과 미움 사이에는 사랑하지도, 미워하지도 않는 밋밋한 감정의 공간이 있기 때문이다. 이 공간이 사랑과 미움이라는 공간보다 사실 훨씬 더 넓다. 그러니 헤어졌다고 하더라도 이 감정의 공간에 그대로 머무르면 되지 않을까?

논리적으로는 심지어 사랑했던 사람이라 하더라도 헤어지게 된 후 반드시 미워할 필요는 없다. '사랑하다'의 부정은 '사랑하지 않다'이고, '사랑하지 않다'는 '미워하다'와 함께 '사랑하지도 미워하지도 않다'를 포함하기 때문이다.

어쨌든 누군가에게 결별을 통보받았을 때, 미워하기 전에 한번 자신이 그(녀)를 사랑했었는지 돌아보았으면 한다.

사랑과 미움 사이의 논리적 관계

사랑한다	(부정) 사랑하지 않는다	
	사랑하지도 미워하지도 않는다	미워한다

사랑했던 이를 증오할 때

50대라고 만남과 헤어짐이 없으라는 법은 없다. 애초에 독신도 있고 '돌싱(연인과 헤어져 다시 혼자가 된, 돌아온 싱글)'도 있고, 또 외국에 가족을 남겨두고 혼자 귀국해 살면서(혹은 반대의 경우로) 자연스레 헤어진 경우도 있을 것이다. 또 지금 이혼을 앞두고 있을 수도 있다. 그런 이들은 50대에도 여전히 누군가를 사귀고 헤어질 것이다.

그런데 헤어지는 과정에서 혹은 헤어진 후에 이전의 반려자를 향한 지나친 적대감을 느끼고 살아가는 이들이 있다. 그를 미워하고 증오할 수밖에 없는 이유가 있었을 것이다. 하지만 '더 이상 사랑하지 않는' 그 사람을 증오하는 감정을 누그러뜨리고 싶다면 차가운 이성을 활용해야 한다.

예전에 '시간'을 주제로 인문학 강좌를 기획한 적이 있다. 당시 강연을 맡았던 분은 한때 너무 가까운 사이였지만 어떤 일로 인해 두 번 다시 보지 않게 된 지인의 이야기를 청중에게 들려주었다. 처음에는 그 사람을 향한 증오의 감정이 앞섰는데 나중에는 이런 생각이 들었다고 한다. 여전히 그를 다시 보고 싶지 않았지만 그와 알고 지낸 30년 가운데 29년을 둘도 없는 친구로 지냈는데 그 과거까지 부정할 필요가 있겠는가? 그건 내 삶을 부정하는 게 아닌가? 그래서 더 이상 만나지는 않지만 증오하지는 않기로 했다고 한다.

그렇다. 그를 용서할 수 없어도 그와 즐겁게 보냈던 시절까지 지운다면 나의 삶을 지우는 결과를 낳는다. 그를 미워하더라도 나의 삶을 미워할 필요는 없다. 그와 함께한 시간 중에서 좋았던 시간이 2/3, 그와 나빴던 시간이 1/3이라면 헤어졌더라도 그 좋았던 시간만큼의 가치를 자신의 삶에서 인정하고 받아들이는 자세를 취해보자. 그것이 자신이 살아온 시간에 대한 정당한 판단이 아닐까?

미워하면서 살자

공자

예수와 공자의 차이

성인聖人이라고 비슷하게 불리더라도 예수와 공자는 근본적인 차이가 있다. 예수는 인간이면서 동시에 신으로 받아들여지는데(물론 믿는 이들에게), 공자는 추앙을 받더라도 그냥 '훌륭한 인간'으로 받아들여진다. 그러니 두 분의 어록을 비교해보면 공자의 말이 더 인간적이라는 느낌을 받는다.

이를테면 성경에서 예수는 "왼쪽 뺨을 맞으면 오른쪽 뺨을 내밀어라" 또는 "원수를 사랑하라"라고 가르친다. 물론 그런 사랑을

오십이 앞으로 어떻게 살 거냐고 물었다

완전히 실천한 사람은 성자와 같은 사람이 될 수 있다. 하지만 우리가 그런 사랑의 경지에 도달하기 어렵다고 생각한다면, 『논어論語』에서 이야기하는 미움을 생각해볼 필요가 있다. 공자는 미워하는 마음을 숨기라고 제자들에게 말하지 않았다.

우리는 어릴 때부터 "친구와 사이좋게 지내라.""무엇이든 나누어 먹어라"라는 말을 들어왔고 나 역시 아들에게 그렇게 이야기한다. 하지만 사랑과 베풂을 권하는 현실 속의 우리는 수많은 사람을 미워하며 살고 있다. 『논어』의 가르침은 단순하다. 좋아할 만한 사람을 좋아하고 미워할 만한 사람을 미워하라는 가르침이다. 그런데 남을 미워할 수 있는 자격으로 상당히 부담스러운 기준을 정해주었다.

오직 어진 사람만이 남을 좋아하고 미워할 수 있다.
唯仁者, 能好人, 能惡人.

흔히 '어질다'라고 번역하는 '인仁'은 유학儒學이 추구한 목표다. 최소한의 성숙한 인격을 갖춘 사람이 누군가를 미워할 때 그 정당성을 가진다는 말이다. 어쨌든 우리가 인자仁者까지는 아니더라도 어느 정도의 인격을 갖춘 50대라고 가정해보자. 미운 사람 앞에서 어떻게 행동해야 할까? 공자는 원망스러운 이에게 미워하는 감정을 숨겼던 자신의 모습이 부끄러웠다고 고백한 적이 있다.

교언영색과 지나친 공손함을 좌구명이 부끄러워했는데 나도 그렇다. 원망을 숨기고 사람과 사귐을 좌구명이 부끄러워했는데 나 역시 그렇다.

巧言令色, 足恭, 左丘明恥之, 丘亦恥之. 匿怨而友其人, 左丘明恥之, 丘亦恥之.

미워하는 마음이 생겼다고 면전에 대들거나 뒤에서 험담하고 돌아다니는 건 곤란하지만, 공자는 그 사람을 대할 때 미워하는 마음을 숨기고 행동하는 것도 솔직한 삶의 자세는 아니라고 조언했다. 사람을 사귈 때 원망을 억지로 숨기지 말라는 뜻이다.

원망함은 솔직함으로 갚아야

또 다음 문답을 보자.

어떤 이: 원망을 덕德으로 갚는 건 어떻습니까?
공자: 그러면 (남이 나에게 베푼) 덕은 무엇으로 갚을 것인가? 솔직함으로 원망을 갚고, 덕으로 덕을 갚아야 한다.

或曰, 以德報怨, 何如? 子曰, 何以報德? 以直報怨, 以德報德.

오십이 앞으로 어떻게 살 거냐고 물었다

제자의 질문처럼, 원망하는 이에게 오히려 덕을 베푼다면 얼마나 고매한 삶의 모습이겠는가? 하지만 공자의 관점에서 나에게 잘해준 사람과 악행을 저지른 사람을 똑같이 대한다는 것은 공정하지 않다.

이 대목에 대해 주희는 이렇게 주석을 달았다. "원망스러운 사람을 공정하고 사사로움 없이 사랑하고, 미워하고, 취하고, 버리는 것이다." 즉 나에게 원망을 심어준 사람을 여전히 사랑할 수도 있지만, 미워하거나 버릴 수도 있다. 또 덕을 준 사람에게는 덕으로 갚아야 마땅하다.

공자의 조언을 적용해보고 싶다면, 우선 내게 은혜를 베푼 이를 기억하고 있는지 돌아보아야 한다. 나는 누군가(부모, 스승, 동료, 친구, 배우자)의 덕을 통해 성장해왔다. 나는 그들에게 덕을 베풀고 살았던가?

다음으로 나에게 원망을 심어준 이들은 어떻게 대해야 할까? 마땅히 미워해야 할 사람이지만, 삶의 관성이라는 이유로, 혹은 놀 때 좀 더 죽이 잘 맞다는 이유로, 친분을 유지하려는 상대의 일방적인 태도에 휘둘린다는 이유로, 혹은 무언가 나에게 실리적으로 이익을 줄 수 있는 사람이라는 이유로 미워하는 마음을 숨기고 살아오지 않았는가? 공자가 앞서 부끄럽다고 한 것처럼, 그런 누군가에게 잘 보이려고 비굴한 표정을 지으며 살아오지 않았는가?

50대는 좀 더 당당하게 살아가야 할 시기다. 살면서 우리는 "나이 50 먹고서도 누구 눈치 보면서 살아야 해?"라며 자신을 휘두르려는 '누구'를 비판하는 말을 곧잘 듣는다. 미워하는 사람을 관대하게 받아들일 수도 있지만, 그에게 자신의 솔직한 감정을 전달할 수 있어야 하고, 거리를 둘 수 있어야 하고, 아예 만나지 않을 수도 있어야 한다.

미움에도 공정함이 있다

앞서 주희의 주석("공정하고 사사로움 없이 사랑하고, 미워하고, 취하고, 버린다")을 다시 생각해보자. 가족(부모, 형제, 배우자 등) 중에서 누군가를 미워하면서 친구에게 토로하는 이들이 적지 않다. 혹시 이들이 가족을 미워하는 까닭이 단지 친구보다 오랫동안 더 가깝게 지내왔기 때문은 아닐까? 이를 달리 생각해보자.

결정적인 순간에 나를 구해줄 사람은 친구가 아니라 자신이 미워하는, 그렇지만 오랫동안 함께 살아온 그 가족은 아닐까? 아무리 좋은 사람도 매일 보면 실망하지 않을 수 없다. 나를 더 사랑하고 위해주는 사람이라도 단지 매일 보는 관계라서 필요 이상으로 미워하는 건 아닌지 검토해보자는 말이다.

또 한때 사랑했던 사람을 향한 미움도 공정한 것인지 생각해볼 필요가 있다. 사랑했으므로 미워할 수 있다. 철학자 바뤼흐 스피노자Baruch de Spinoza는 이렇게 말했다.[7]

어떤 사람이 사랑하는 자를 증오하기 시작해 결국 사랑이 완전히 소멸하면, 만일 증오하는 원인이 서로 같다면 그는 그를 전혀 사랑하지 않았을 때보다 한층 더 크게 증오할 것이며, 이 증오는 이전의 사랑이 클수록 더 커질 것이다.

이제 인간관계 목록을 펼쳐놓고 다시 분류해보자. 그리고 누구를 좋아하고 미워하기 전에 자신이 그런 판단을 내릴 만큼 최소한의 인격을 갖추었는지 돌아보자. 만약 최소한의 인격을 갖추었다면, 공정한 눈으로 사랑해야 마땅한 사람을 사랑하고, 미워해야 마땅한 사람을 미워하자. 또 내게 은혜를 베푼 사람을 기억하고 덕으로 은혜를 갚자. 혹시 악인이 나를 미워한다면 기꺼이 그 미움을 받아들이자. 하지만 선한 이에게 미움받는 사람이 되지는 말자. 이것이 단단하게 나를 지키며 살아가는 50대의 인간관계다.

2장

자존감 찾기

이직과 퇴직의 철학

논리학: 접속어

어느 중년의 실직

40대의 어느 날, 직장에서 해고당했다. 그날은 계약 종료일 하루 전인 12월 30일이었다. 그리고 연초에 친구들과 한 해의 끝자락을 기념하기 위한 남자들만의 해외여행을 떠나기로 했던 날의 전날이었다.

구두상으로 이듬해 수행해야 할 업무분장을 마쳤으나 위에서는 내가 맡고 있었던 팀의 폐지를 12월 30일 오후에 전격 결정했고, 이를 전해 들은 경영지원팀장은 17시 30분에 급히 나를 찾아 재계약 불가를 통보했다. 황당해할 틈도 없이, 한 해를 마무리하며 새로운 시작을 위해 책상 위를 깔끔하게 정리하고 있던 나는 완전한 정리를 해야 했다. 그리고 계약서를 미리 요구하지 않았던 나의 느긋한 성격을 탓했다.

그날 저녁은 가까운 동료들끼리 조촐한 송년회가 예정되어 있었다. 내키지 않았지만 이미 퇴근 시간이었고 분위기를 깨고 싶지 않았다. 나는 감정이 얼굴에 쉬이 드러나는 사람은 아니지만 동료를 태우고 회식 장소로 가던 내 차가 두어 차례 덜컹거렸던 걸로 보아 내 상태가 평소와 달랐던 건 틀림없었다. 그날 밤 직장에서 짐을 싸는 기분으로 여행 짐을 싸는 생경한 경험을 했다. 잠들어 있는 아내에게 이 상황을 이야기하지 못했다. 정말이지 비행기를 타고 싶지 않았다.

하지만 여행은 여행이었다. 바다 건너 타지에서 느끼는 낯선 분위기 속에서, 나는 얼마 전 해고당한 한국 국적의 중년 남자를 좀 더 객관적으로 바라볼 수 있었고 자연스레 차분함을 되찾았다. 고지에 있는 사찰 '쇼샤산 엔교지'에서 속 시원한 '힐링'을 경험했다. 그리고 내 상황을 모르는 친구들과 후회 없는 여정을 마치고 귀국하는 비행기에서 나름의 신년 계획을 세우며 인천에 도착했다.

위기는 어떻게 흘렀을까? 이직한 곳이 나와 잘 맞아서 그때 해고당한 게 잘되었다는 생각이 들었다. 당시에는 몰랐지만, 돌아보면 별것 아닌 평범한 이야기다.

접속어의 활용

유명한 누군가가 나와서 자신의 지난 삶을 잔잔히 고백하는 아침 방송이 있다. 누가 나와도 전해주는 이야기는 한결같다. '극도로 가난했는데 꿈을 이루었다' '성공 가도를 달리다 시련이 찾아왔는데 어떤 계기로 극복했다'라는 삶의 '굴곡'을 이야기한다. 이야기 중간에 '그런데' '그러나'와 같은 전환의 접속어를 자주 활용한다.

논리학을 처음 접했을 때 의외였던 내용은 명제를 나열할 때 순접(그리고)과 역접(그러나)을 구분하지 않고 같은 기호로 표시한다는 점이었다. 좋은 아파트에 살던 때나 허름한 지하 방 혹은 고시원에서 살던 때를 구분하지 않고 '∧'라는 같은 기호로 연결해 나열한다.

논리학에서 사용하는 접속어 표시

문장 여러 개가 있다고 가정하자. '한 해를 정리하고 있었다.' '그런데 해고 당했다.' '그래서 여행을 가기 싫었다.' '그러나 떠났다.' '그리고 예상과 달리 힐링을 경험했다.' '그래서 마음을 다시 잡았다.' 그리고 이 문장들을 모두 '그리고(기호로 '∧'로 표현)'로 연결하면 다음과 같은 결과가 나온다.

- '한 해를 정리∧해고∧여행 가기 싫음∧떠남∧힐링∧새로운 다짐'

오십이 앞으로 어떻게 살 거냐고 물었다

12월 30일 오후 5시 30분에 해고 통보를 받은 일, 그날 저녁 회식에 참석한 일, 그다음 날 비행기를 타고 친구와 여행을 갔던 일, 그곳에서 즐거웠던 일 모두 '∧'로 연결된다. 논리학은 이렇게나 무심하고 무정하다.

하루 동안 우리는 대체로 소소한 일들을 겪지만 가끔 운명을 좌우하는 사건(합격자 발표라든지, 나중에 같이 살지도 모를 이와의 만남)을 마주할 때도 있다. 운명을 좌우하는 사건을 겪은 후의 감정은 분명히 전과 다르다. 예를 들어 '형편없는 점수를 받았다고 생각했다. 그러나 합격했다.' '미팅 때 그녀는 나에게 시선 자체를 주지 않았다. 그런데 그녀가 먼저 내게 문자를 보냈다!' 등의 상황이 있다. 여기서 '그러나'와 '그런데'를 기준으로 앞과 뒤의 상황은 다르다.

그럼에도 논리학은 이 변화를 무시한다. 상황을 대하는 논리학의 태도는 자동차 중립 기어처럼 어떤 상황에서 앞으로 갈지 뒤로 갈지 결정한 바 없다. 따라서 직진을 할지 후진을 할지는 핸들을 잡은 사람의 선택에 달려 있다.

삶에서 겪는 시련들을 글에 적용해보자면 '그리고'로 나열된 수많은 가치중립의 사건 중에서 하나일 뿐이다. 그리고 글에서 저자가 보통 강조하는 이야기는 순접의 접속어(그리고, 그래서)가 아니라 전환(그런데)이나 역접(그러나)의 접속어 이후에 나온다. 그 시련 이후의 접속어를 무엇으로 만들어낼지는 우리의 선택과 노력에 달려 있다.

시련이 닥칠 때는 무심한 논리학자가 되자. 고민하지 말고 일단 여행을 다녀오자. 당신이 겪고 있는 시련은 삶이라는 한 편의 이야기에서 '논리적'으로는 별것이 아니다. 그러니 전환과 역접의 접속어를 활용하는 스토리텔러가 되자. 그리고 나락에서 바닥을 치고 올라가는 아름다운 곡선을 그려보자.

용기를 꺾는 '그러나'와 '만약'

접속어를 잘 활용하면 긍정적인 변화를 이끌지만 반대로 부정적인 변화를 이끌 수도 있다. 아들러는 신경증 환자를 치료하면서 그들이 활용하는 '접속어'에 주목했다. 그리고 "치유의 어려움은 환자들이 사용하는 '그러나'의 강도에 비례한다"[8]라고 말했다. 다음은 아들러의 제자가 쓴 글의 한 대목이다.

신경증 환자는 어떠한 경우에도 적극적으로 '하고 싶지 않다'라고 말하지 않는다. 그들은 '할 수 없다'라는 허구적인 말을 꺼낸다. 하고 싶지만 어쩔 수 없다는 뜻이다. '결혼하고 싶지만, 그러나[but]···' '사회에 나가려 하지만, 그러나···' '만약[if]···했었다면 일이 성공했을

렌데' 등이 신경증 환자 특유의 말투다.[9]

글 속의 신경증 환자의 말투처럼 삶의 과제를 회피하기 위한 '그러나'를 우리는 얼마나 자주 사용하면서 살아가고 있을까? 그리고 과거를 후회하는 '만약'을 얼마나 자주 사용하면서 살아가고 있을까? 이러한 회피와 후회의 언어 습관은 50대 이후에 더 강해질 수 있다. 어떤 언어를 사용할지 결정하는 것은 어떤 사람이 될지 결정하는 것과 같다.

이직과 퇴직을 미리 준비하자

2022년 9월 발표된 통계청 조사 자료에 의하면 고령층(55세 이상)의 평균 근로 희망 연령은 73세다. 한편 이들이 가장 오래 근무한 일자리를 그만둔 평균 연령은 49.3세다. 우리의 바람과 현실 사이에는 약 23년 정도의 차이가 있음을 알 수 있다. 가장 오래 근무한 일자리는 '동종 업계에서' 이직한 자리까지 포함한 개념이다. 즉 자신의 전문성을 인정받았던 시기를 의미한다. 그렇다면 앞의 통계청 조사 자료에서 확인되는 대략 50세부터 23년 동안 무슨 일이 벌어지겠는가?

전문성을 쌓아왔던 업계를 떠나 새로운 일을 해야 하는 상황은 근로자로서 이전보다 좋은 대우를 받을 수 없는 냉혹한 현실을 의미한다. 당신이 사장이라면 한정된 비용으로 사업을 시작할 때 젊은 사람에게 일을 시킬까, 늙은 사람에게 일을 시킬까? 이뿐만 아니라 장년층은 젊은 사람들보다 더 큰 보수를 바라는 경향도 있어서 현실의 벽은 더욱 높다.

나는 과거에 인문학 관련 사회적 기업을 운영하면서 정부 보조금을 사용해 사회 배려 대상자들을 채용했었다. 그 사람이 사회 배려 대상자인지 확인하려면 여러 깐깐한 기준(한부모 가정, 차상위계층 등)을 통과해야 했는데, 가장 '손쉽게' 기준을 통과할 수 있는 이들은 장애인과 고령자였다. 여러 기준이 있어도 지원자의 나이가 60세 이상이라면 사회 배려 대상자에 해당되어서 채용하는 데 어려움이 없었다.

이런 사정으로 60대가 꽤 많이 지원했는데 나름대로 화려한 이력을 자랑하는 분이 많았다. 최저임금을 받아야 하는 곳임에도 자존심을 버리고 지원한 것이다. 그분들은 자신의 과거 경험과 노련함으로 회사의 성장을 이룰 수 있다고 주장했지만 결국 '나이가 많다는 이유'로 배제되었다.

익숙한 분야에서 퇴직하고 다른 분야에서 새로운 일자리를 찾는다는 건 냉혹하게 말하자면, 사장으로는 치킨집이나 빵집 창업,

오십이 앞으로 어떻게 살 거냐고 물었다

근로자로는 편의점 알바나 콜센터 상담사 등으로의 전환을 의미한다. 그리고 이마저도 어려운 순간이 찾아온다. 이 순간은 급격하게 찾아오기 때문에 놀라거나 우울해질 시간조차 허락되지 않는다.

대부분의 사람은 70대까지 계속 일하기를 원한다. 70대가 되는 데 걸리는 시간은 생각보다 길다. 그러니 50세부터는 퇴직을 미리 준비하는 자세로 전환할 필요가 있다. 자신이 처한 상황을 항상 살펴보며 '업계에 계속 남아 일을 할 수 있을지' 아니면 '어떤 새로운 도전을 할 수 있을지'를 늘 염두에 두자. 그리고 5년 후 혹은 10년 후를 내다보고 자기 계발에 힘을 쏟자.

시련이 닥칠 때는 무심한 논리학자가 되자.
고민하지 말고 일단 여행을 다녀오자.

50대의 자존감

마셜 로젠버그

자존감은 성취감에서 나온다

산에 가보면 여러 연령층이 있지만, 등산객들은 평균 연령이 꽤 높은 편이다. 20대 때는 산악부 동아리에 들어가지 않으면 등산이 취미인 친구를 만나기 어렵지만 50대가 되면 어렵지 않다. 나이가 들면서 점차 자연 친화적으로 변해가는 걸까? 친구 한 명은 다른 이야기를 꺼냈다.

50대는 꿈을 향해 달렸지만 이룬 건 없고, 나이는 먹어서 새로운 걸 시작할 힘은 없고, '인생 뭐 있나' 하는 좌절감, 상실감이 깊어지는 때라는 이야기였다. 50대가 산을 올라 정상을 밟으면 나름의 성취감을 느낀다는 이 논리는 현실에서의 패배감을 등산의 성취감으로 보상한다는 분석으로 나온 결과물이다. 논리가 그럴듯해 나도 혹시 그런 심리로 산에 다니는 것인지 생각해보았다.

50대는 '삶이라는 경쟁'에서 뒤처진 이들에게 역전의 가망이 없는 때라는 말이 맞는가? 이 말이 적어도 한국에서는 충분히 공감을 받을 수 있는 이유는 우리가 겪어온 환경 때문이다.

어릴 때부터 우리는 사회에서 성공成功한 사람이 되려면 좋은 대학을 나와야 하고, 좋은 직장에 취업해야 하고, 모욕적이게도(내가 여성이라면) 좋은 남편을 만나야 한다는 말을 들어왔다. 다른 직업보다 상대적으로 성공에 가까운 직업이 무엇인지 우열을 가리는 무례한 이도 넘쳐난다.

나는 '성공'과 '행복'처럼 추상적이고 모호한 개념은 되도록 쓰지 않는 게 정신건강에 이롭다고 생각한다. 왜냐하면 성공은 구체적인 실체가 아니기에 명확하지 않고, 또 아직 경험하지 않은 입장에서는(했더라도 자주 해보지 않아서) 역시 뜬구름 같은 개념이기 때문이다.

그러다 보니 남들이 하는 이야기를 바탕으로 성공의 기준을 잡거나, 병적으로 성공에 집착해 열등감을 미끼 삼아 쓴 기사에 쉽게 휘둘리고 자괴감에 빠진다. 대한민국은 '성공집착증' '성공우울증'

사회라고 한다. 성공을 추구하는 이들은 집착증에, 성공했다고 불리거나 스스로 주장하는 사람은 우울증에 빠지기 쉽다.

무언가에 뜻을 둔 후 성과를 이룬 것이 바로 '성공'이다. 그러면 성공이란 애초에 '무엇에 뜻을 두었는지'에 목적을 두어야 한다. 특정한 지위나 부의 정도에 목적을 두어서는 곤란하다.

얼마 전 일본 문학을 전공한 어느 교수에게 일본 사회와 한국 사회의 가장 큰 차이점 하나만 이야기해달라고 한 적이 있다. 그분은 잠시 고민한 후 "일본은 한국에서 그다지 인정받지 못하는 사소한 일이라도 어떤 경지에 이르면 인정하는 문화가 있다"라고 답해주었다.

예를 들어 대를 이어 면 요리를 해온 사람의 장인 정신이 해당할 것이다. 면 요리를 하는 데 뜻을 둔 사람이 노력으로 어떤 목표에 도달하면 그것이 곧 성공이다. 그러니 성공이란 단시간에 쉽게 이룰 수 있는 건 아니지만 우리의 생각처럼 그렇게 어려운 것도 아니다.

성공의 본래 의미를 제대로 활용하려면 우리는 성공보다 '성취'라는 말을 쓰는 것이 좋다. 우리는 성취를 경험하면 자존감自尊感이 향상한다. 무언가를 성취하면 스스로가 대견하고 자랑스럽기 때문이다. 그게 자존감이 아니겠는가?

자존감은 우월감이 아니다

만약 나이가 50이 되기 전에 수도권에 위치한 아파트와 외제 차를 소유하는 사람이 되고 싶다는 뜻을 가진 사람이 그 소망을 이루었다면 그는 성공 또는 성취했다고 할 수 있다. 하지만 자존감을 우월감으로 착각하면 곤란하다.

자존감은 다른 사람과의 경쟁에서 이겼을 때 또는 못사는 친구보다 더 넓은 아파트에서 살고 있을 때 높아지지 않는다. 앞의 두 상황에서 높아지는 것은 스스로가 아니라 남에 의해 높아지는 타존감他尊感이다. 그런 논리라면 남들보다 좁은 아파트에 살거나, 저렴한 차를 타면 자존감은 떨어질 것이다. 우월감은 자신보다 못한 다른 사람을 요구하기 때문에 원리적으로 자존감과 관련이 없다.

자존감은 '노력하고 성취하는 과정'을 거치면서 목표를 달성하기 위한 자기와의 약속을 지킬 때 높아진다. 그럴 때 스스로를 더 사랑할 수 있다. 남을 무시하거나 내려보는 우월감에 빠지면 진정으로 자신을 사랑할 수 없다.

대중의 사랑과 칭찬을 받아서 자존감이 높아 보였던 정치인, 연예인은 자신과 비교할 대상이 사라질 때 불안해하고, 자신을 향한 비난이 난무할 때 극단적인 선택을 하기도 한다. 타존감이 아니라 자존감이 높았다면 그렇게 쉽게 스스로를 포기하지 않았을 것이다.

칭찬받으면 자존감이 높아질까

칭찬은 고래도 춤추게 하지만, 궁극적인 의미에서 자존감을 높여줄까? 교육철학자인 마셜 로젠버그Marshall Rosenburg가 그의 셋째 아들이었던 브래드에게 자존감을 일깨워주기 위해 나누었던 대화를 확인해볼 필요가 있다.

로젠버그는 어느 날 5세인 브래드에게 "아빠가 널 왜 사랑하는지 아니?"라고 물었다. 브래드는 골똘히 생각하다가 '더 이상 기저귀를 안 차도 되기 때문에, 음식을 바닥에 떨어뜨리지 않기 때문에'라고 답했다. 로젠버그는 브래드가 변기에서 변을 볼 줄 알고 또 음식을 흘리지 않는 점은 대견하지만, 그 때문에 아들을 사랑하는 건 아니라고 답했다. 브래드는 말을 멈추고 생각에 잠긴 후 되물었고 로젠버그는 이렇게 답했다.

> **브래드:** 그럼 아빠는 왜 저를 사랑해요?
> **로젠버그:** 아빠는 너를 그냥 사랑해. 아빠는 네가 너여서 너를 사랑하는 거야.[10]

우리는 흔히 자존감을 높이기 위해 칭찬을 자주 해주어야 한다고 생각한다. 이는 맞는 말이다. 부부도 서로 칭찬해줄 때 자신을 쓸모 있는 사람이라고 느끼며 자존감이 높아질 수 있다. 하지만 근본적으로는 이러한 칭찬도 결국 '남의 시선'에서 나온 결과다. 나는 바뀐 것이 없는데 어느 날 배우자가 어디서 무언가 듣고 오더니 나를 형편없는 사람으로 대하기 시작했다고 가정하자. 나는 정말 형편없는 사람이 되는 걸까?

로젠버그는 꾸중이든 칭찬이든 둘의 출처는 같다(남에 의한 평가)는 점을 강조한다. 꾸중으로 자존감이 떨어지는 것 같으며 칭찬으로 자존감이 높아지는 것 같지만, 실상은 남에 의해서 휘둘리는 구도라는 말이다.

그에 따르면 자존감은 '스스로 자신에 대해 가치를 부여할 때' 생긴다. 즉 '나'라고 하는 존재에 대한 긍정에서, 다시 말해 '자신을 사랑할 때' 자존감이 생긴다. 그런데 이상하게도 사람은 몹시 이기적인 존재임에도 스스로를 사랑하는 데는 인색하다.

로젠버그의 아들인 브래드의 나이는 현재 아마 50대를 훌쩍 넘겼을 것이다. 브래드가 어떤 인생길을 걷고 있는지 모르지만, 5세의 브래드도 외부의 평가로 가치가 낮아지거나 높아지지 않는 것처럼, 50대의 브래드 역시 어떤 외부의 평가로 가치가 낮아지거나 높아지지 않는다. 로젠버그의 말처럼 브래드는 바로 다른 누구도 아닌 브래드이기 때문에 브래드로서 가치가 있다. 우리도 마찬가지다.

자신이 어떤 처지에 놓여 있는지와 상관없이 스스로의 가치를 인정하자. 그리고 스스로와의 약속을 지키면서 살아가자. 그러면 우리의 자존감은 점차 높아질 것이고 '그 결과' 남들은 그런 우리를 좋아할 것이다.

마셜 로젠버그(1934~2015)

미국의 교육심리학자로 '비폭력 대화Nonviolent Communication, NVC' 교육을 확산시켰다. 그는 타인의 평가로 자존감에 상처를 받을 필요가 없다는 점을 강조했다.

- 칭찬도 타인의 기준에 따른 것이어서 궁극적으로 자존감을 높여줄 수 없다.
- 스스로의 가치는 스스로 발견해야 한다.

과거는 잊히지 않는다

지그문트 프로이트

트라우마란 무엇인가

부모님의 증언에 의하면, 내가 어렸을 때 집에서 키우던 개의 등에
올라타서 놀다가(개 입장에서는 괴롭히다가) 그 개한테 물려서 병원에
간 적이 있다고 한다. 이후 20년이 흘러 대학생 때 진돗개 백구 1마
리를 분양받았는데 부견이 무슨 대회 챔피언 출신으로 족보 있는
혈통이 흐르는 진돗개라고 했다. 눈동자와 발바닥만 까맣고 온통
겨울의 눈처럼 하얗고 귀여운 녀석이었다. 그런데 몇 달 후 갑작스
럽게 아파트로 이사 가면서 성급히 이별을 준비했다. 당시 중형견

을 아파트에서 키우는 걸 상상하지 못했던 나는 수소문해서 지인의 집에 개를 보냈다.

지금 키우는 것도 아니고 강아지와 짧은 인연을 보낸 내가 요즘 '개튜브'에 빠져 지내고 있다. '문제견'을 교육하는 채널(나쁜 개는 없다거나 개들도 훌륭하다는 프로그램)의 영상들을 예전 것까지 모두 찾아보고, 이마저도 다 봐서 요즘은 외국의 유명 채널까지 섭렵하고 있다.

그런데 대체로 보호자들은 문제견의 행동의 원인으로 강아지가 경험한, 옛날의 좋지 않았던 기억을 지목하고는 한다. 아파서 병원에 갔는데 그때 깜짝 놀란 강아지가 이후 사람의 손길을 거부해 미용이나 목욕을 시킬 수 없고 발톱도 깎지 못하고 있다거나, 몇 번의 파양 경험으로 사람을 경계하고 문다거나, 개춘기(개+사춘기) 때부터 갑자기 이상행동을 보이기 시작했다는 등의 이야기다. 병원에서 느꼈던 두려움, 파양 혹은 개춘기 때의 경험들이 문제견의 행동에 영향을 주었다는 게 사실이라면, 과거의 사건이 하나의 강력한 트라우마가 되어서 평생을 쫓아다녔다는 의미가 된다.

지그문트 프로이트Sigmund Freud는 이러한 무의식 세계, 트라우마(특별히 성적 트라우마)를 현재 가지고 있는 문제 행동의 원인으로 분석을 시도한 정신분석가다. 그의 견해를 따르면, 내가 어릴 적 개에게 물린 사건은 내 의식 속에는 없지만 '타불라 라사tabula rasa(깨끗한

석판)'라는 무의식 세계에 어떤 형태로든 분명히 새겨져 있고, 지금의 나에게 어떤 방식으로든 영향을 끼치고 있다. 그런데 내가 강아지 채널을 선호하는 걸 보면 개에 물린 사건은 트라우마로 남지 않은 것 같다.

지나간 것에 말을 걸자

길어야 15년이라는 강아지의 수명과 인간의 수명을 비교해보자. 50년 넘게 살다 보면 '과거'의 기간이 늘어나는 만큼 좋았던 기억과 좋지 않은 기억도 누적된다. 대체로 사람들은 좋지 않은 기억은 빨리 잊고 되도록 좋은 것만 기억하자고 말한다.

좋지 않은 기억을 빨리 잊으면 좋겠지만 인간의 뇌 구조는 기억을 그리 쉽게 잊게끔 설계되지 않았다. 잊겠다고 다짐해서 잊을 것 같으면 프로이트의 무의식이 왜 나왔겠는가? 기억을 잊는 게 아니라 애써 기억을 덮어놓았을 뿐이고, 또 만약 잊었다고 하더라도 그건 '의식의 세계'에 있는 기억일 뿐이다. 덮어놓아서 표면적으로 그 기억이 기억나지 않을 뿐이며 그 기억은 무의식에 그대로 새겨져 있다.

그러니 프로이트의 관점에서 "과거를 잊자"라는 말은 불가능하고 의미 없는 조언이다. 그보다는 과거를 대하는 우리의 태도를 점검해보는 편이 낫다.

'행복'이라고 하면 대체로 미래에 있을 행복한 무언가를 상상하는 경우가 많은데, 감정은 오직 지금 느낄 수밖에 없는 현재의 문제다. 그러니 지금 행복하려면 우선 지금에 집중해야 하고, 아직 내게 오지 않은 미래를 내다보기보다 의식 속이든 무의식 속이든 이미 내게 새겨진 과거를 다룰 줄 알아야 한다.

좀 강하게 말하자면, 행복은 과거를 다루고 처리하는 능력에 달려 있다고 해도 과언이 아니다. 그래서 나는 과거를 잊자는 말을 좋아하지 않는다.

모든 생물 중에서 인간만이 유일하게 과거를 '해석'할 줄 안다. 그리고 해석은 한 종류가 아니다. 영국의 역사학자 에드워드 카 Edward Hallett Carr 는 『역사란 무엇인가』에서 이렇게 말했다.

역사란 역사학자와 역사적 사실 사이의 부단한 상호작용이며, 현재와 과거의 끊임없는 대화다.

너무나 유명한 이 문구를 대학 전공 수업 첫 시간에 배웠다(나는 사학과를 졸업했다). 역사라고 하니까 거창한 느낌을 주지만 그냥 평범한 우리 삶에 빗대어 표현을 바꾸면 과거, 이력, 지나온 길 등에 해당한다. 그러면 이렇게 표현할 수 있다.

개인의 역사란 자신과 과거 사건들 사이의 부단한 상호작용이며, 현재의 나와 과거의 사건들 사이의 끊임없는 대화다.

상호작용이나 대화는 일방향이 아니라 쌍방향으로 이루어진다. 다시 말해 국가나 민족의 역사에서든 개인의 역사에서든, 과거란 (고칠 수 없음에도 불구하고) 고정된 것은 아니라는 말이다. 그 까닭은 과거는 인간에 의해 '해석'되기 때문이고, 또 기존의 해석은 '재해석'될 수 있기 때문이다.

좋지 않은 기억은 상처, 트라우마가 되어 지금 자신이 겪는 불행의 원인으로 지목된다. 하지만 지금 빛나는 삶을 살고 있는 사람일지라도 불행했던 과거를 가지고 있다. 과거에 겪었던 상처 또한 자신의 소중한 일부로 받아들이고 좀 더 입체적으로 삶을 해석할 필요가 있다.

50대는 지나온 과거를 좀 더 여유를 가지고 돌아볼 수 있는 나이다. 노트북을 켜고, 혹은 펜을 들고 '나를 아프게 했던 것들' '나에게 상처가 되었던 것들'에 말을 걸어보자. 그것들을 온전히 이해하고, 받아들이고, 또 새롭게 해석해보자. 이것이 오늘 50대의 자신을 당당하게 사랑할 수 있는 방법이다.

지그문트 프로이트(1856~1939)

20세기 들어 철학의 영역에 오스트리아의 정신과 의사들이 들어오기 시작하면서 가장 먼저 화제가 되었던 인물이 바로 프로이트다. 정신분석학의 창시자로 불리는 그는 꿈을 분석하며 인간의 무의식 세계를 공론의 장으로 끌고 왔고 트라우마 이론을 정립했다. 다만 그가 인간 심리의 원인을 '성적 트라우마'에 집중한 점을 이후 칼 융과 아들러가 비판했다.

- 과거의 상처는 잊히지 않는다.
- 기억을 잊은 것처럼 보여도 무의식에는 그 기억이 고스란히 새겨져 있어 삶에 지속적으로 영향을 끼친다.

50대는 지나온 과거를
좀 더 여유를 가지고
돌아볼 수 있는 나이다.

후회에서 벗어나려면

———

바뤼흐 스피노자

치유는 '앎'을 통해 이루어진다

과거를 돌아볼 때 드는 후회와 자책감은 어떻게 처리해야 할까? 다음 영화의 한 장면을 생각해보자.

영화 〈굿 윌 헌팅〉에서 윌 헌팅은 명문대에서 일하는 청소부로, 감정조절을 하지 못해 폭력적이지만 수학에 천재적인 재능을 보였다. 어느 날 수학과 교수는 우연히 윌이 칠판에 낙서처럼 적어놓은 수학 문제 풀이를 보고 그를 수학자로 키우기로 결심한다. 그러나 윌은 자신이 처한 환경과 심리적인 문제로 학교에 쉽게 적응하지 못한다. 교수는 학내의 심리학과 교수인 숀에게 윌의 불안정한 심리를 치료해줄 것을 부탁한다. 숀의 상담을 받아오던 윌은 어느 날 여자친구에게 이별을 통보받고 숀을 찾아가서 자책하며 괴로워한다. 윌의 이야기를 듣던 숀은, 그간 윌을 상담하며 작성한 자료들을 쓰레기통에 버리고는 윌의 트라우마를 직접 건드리기로 결심한다. 숀은 윌의 눈을 가까이 응시하면서 "그건 네 잘못이 아니야It's not your fault"라고 반복해서 이야기한다. 무의식의 세계에 새겨진 상처들로 자신의 지난 삶을 자책해왔던 윌은 끝내 숀의 품에 안겨 아이처럼 운다.

이 장면에서 "너의 탓이 아니다"라는 말은 두 가지를 의미한다. 첫째, 윌은 어린 시절 불우한 환경에서 아버지의 학대를 받으며 자랐는데, 이것은 그의 탓이 아니다. 둘째, 현재 윌이 가지고 있는 심리적, 행동적 문제는 어린 시절의 슬펐던 경험으로 형성된 트라우마 때문이니 역시 그의 탓이 아니다. 이 둘째 내용이 바로 프로이트의 관점이다.

단순히 "트라우마에서 벗어나라"라는 말만으로 심리 치유의 효과가 있을 리 없다. 윌이 치유될 수 있었던 까닭은 자신의 과거를 회피하지 않고 마주했기 때문이다. 다르게 말하자면 그 과거를 이용해 현재 가지고 있는 문제의 원인을 '이해'했기 때문이다. 정신분석가는 의식과 무의식의 재료들을 모으면서 의뢰자의 문제 상황

오십이 앞으로 어떻게 살 거냐고 물었다

을 설명하기 위한 인과관계를 찾으려고 한다. 프로이트는 알다시피 '성적인 트라우마'를 주된 원인으로 제시하고는 했다.

자신이 겪고 있는 문제의 원인을 알게 되는 것만으로 치유의 효과를 볼 수 있다. 윌이 심리적으로 치유되는 과정이나 프로이트의 정신분석은 사실 누군가의 심리를 설명하는 하나의 '가설'에 지나지 않는다. 진실이 아닐 수도 있다는 뜻이다.

그럼에도 치료받는 개인은 자신의 현재와 과거를 연결하는 고리를 찾아내며 자신을 좀 더 알아가고 이해하게 된다. 이렇게 자신을 이해하는 과정을 칼 구스타프 융^{Carl Gustav Jung}은 "간극을 메운다"라고 표현했다.

이처럼 치유란 '스스로에 대한 앎'을 통해 이루어진다. 사람들이 사주나 타로집, 점집 같은 곳에 가는 까닭도 자신을 좀 더 알아보고 싶어서다. 물론 정신분석가에게 의뢰하는 것에 비해 분석 도구에 대한 신뢰도에 의문을 가질 수밖에 없지만, 이 과정으로 스스로를 좀 더 이해했다면 치유의 효과가 있을 수 있다.

그럴 수밖에 없었다

한편 숀이 이야기한 "그건 네 잘못이 아니야"는 스피노자의 관점으로도 볼 수 있다. 그는 신의 섭리로 인해 인간사의 모든 일이 필연적인 인과관계로 연결되어 있다고 보았다. 다만 우리가 무지해서 그 인과관계를 파악하지 못하고 있을 뿐이다. 스피노자는 이렇게 말했다.

인간은 자신이 자유롭다고 여긴다. 왜냐하면 사람들은 자신의 의욕과 충동을 의식하지만, 자신이 충동이나 의욕에 사로잡히는 원인을 모르기 때문에 그것(원인)에 관해 생각하지 않기 때문이다.

그래서 그는 우리가 자유로운 의지대로 이럴 수도 있고 저럴 수도 있다는 가능성을 인정하지 않는다. 그러니 스피노자는 영화 속 윌이 처한 상황은 그의 잘못이 아니라고 볼 것이다. 즉 윌은 과거로 돌아가도 지금 후회하고 있는 그 일을 다시 했을 것이고, 여자친구와 헤어질 수밖에 없었을 것이다.

이 관점은 스피노자가 세운 철학 체계(이름하여 '범신론汎神論')에 기초한 결론이다. 어떤 체계를 활용해 도출한 결과는 그렇지 않은 것에 비해 신뢰할 수 있다. 세상을 설명하는 스피노자의 철학 세계도 하나의 가설이지만, 많은 이에게 설득력 있는 체계이므로 우리의 생각을 그에 적용해보는 것도 나쁘지 않다.

프로이트의 무의식의 트라우마로 접근하든, 스피노자의 필연적

세계관으로 접근하든 우리는 후회할 필요가 없고 자존감을 추락시키지 않아도 된다.

스피노자가 후회하지 않는 까닭

스피노자를 이해하려면 먼저 프랑스의 철학자 르네 데카르트^{René Descartes}를 잠시 언급해야 한다. 데카르트는 세상을 단순하게 두 가지로 분류했는데, 하나는 정신(이른바 사유실체), 다른 하나는 물체(이른바 연장실체)다. 연장은 망치 같은 걸 떠올리겠지만, '공간을 점하고 있는 것'으로 이해하면 된다(망치도 공간을 점하고 있으니 연장이 맞다).

예를 들어 인간은 정신과 육체(물체) 두 가지 실체로 구성된다. 그리고 그 두 실체는 하느님이 창조했으니 결국 데카르트는 세상을 크게 세 가지로 나눈 것이다. 즉 정신, 물체, 그리고 그 모든 것을 창조한 신으로 나눌 수 있다.

스피노자는 데카르트의 발상을 따르면서도 세 존재의 상호 구도가 마음에 들지 않았다. 여기서 '실체'란 다른 것에 의존하지 않고도 스스로 존재하는 것을 의미한다. 스피노자는 그런 존재는 신 말고 없기 때문에 정신과 물체를 신과 독립적인 실체로 설정하기는 곤란하다고 생각했다.

따라서 스피노자는 '신을 유일실체'로 놓고 새로운 세계를 그려냈는데, 정신과 물체는 신에 의존하는 것으로 신 안에 위치시키고 신의 '속성'이라고 부른 것이다. 이를테면 인간도, 동물도, 식물도, 햄버거도, 치킨이나 맥주도, 인간이 만들어낸 스마트폰도, 그리고 인간의 정신도 모두 신 안에 있다.

결국 스피노자가 말한 우리가 꿈에도 생각하지 못한 그 원인은 '신' 혹은 '신의 섭리'다. 다음에 그린 원 안에서 펼쳐지는 모든 것은 섭리에 의해 그렇게 될 수밖에 없다.

신 안에 모든 것을 넣었다는 것은 달리 말해 '모든 것 안에는 신이 있다'는 것을 의미하는데, 이것을 스피노자의 범신론이라고 한다. 스피노자는 이 범신론으로 사건과 사건 사이를 원인과 결과의 관계로 묶었다. 이 연결은 느슨하게 묶지 않고 '필연적'으로 당겨 묶었다. 그래서 그는 인간의 자유의지를 부정했고 우리는 지나간 일을 후회할 필요가 없다는 결론을 내렸다.

도식화한 스피노자의 세상 분류 방식

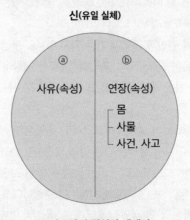

스피노자의 일원적 세계관

* 실체는 오직 신 하나다.
* a와 b는 신의 속성으로, 신을 드러낸다.
* a와 b를 더 많이 알수록 신을 더 잘 알게 된다.

변화를 위한 심리학

그러나 만약 윌을 상담한 의사가 아들러였다면 다른 결과가 나왔을 것이다. 아들러는 윌의 심리 상태와 행동은 트라우마 같은 필연적인 원인의 결과가 아니라 윌 스스로가 어떤 목적(의도)을 가지고 선택한 결과(비록 윌이 그 의도를 인식하지 못하고 있다 할지라도)라고 분석할 것이다. 다시 말해 아들러는 트라우마가 우리의 심리 상태와 행동에 영향을 끼치는 여러 요소 중 하나일 뿐이지 결정적인 요소라고 생각하지 않는다.

그러니 아들러는 윌에게 "그건 네 잘못이야It's your fault"라고는 말하지 않더라도, 적어도 지금 해결할 수 있다는 의미에서 "그건 너의 문제야It's your problem"라고는 이야기할 것이다. 윌은 지금을 직시하고 변화해야 하며, '그러나'라는 접속어를 활용하면서 과거의 트라우마로 도망갈 수 없다. 오히려 윌이 지금 어떤 숨겨진 목표를 위해 사고하며 행동하고 있는지 알아야 할 것이다. 좀 더 실천적인 변화를 위한다면 아들러의 관점을 생각해볼 필요가 있다. 아들러는 우리를 위로하는 심리학이 아니라 주체적으로 변화할 수 있는 용기를 독려하는 심리학이다.

이는 문제견 프로그램에서 전문가가 보호자의 책임을 묻고, 문제견을 훈련하면서 변화를 요구하는 것과 비슷하다. 전문가는 반려견의 문제점이 대체로 '어느 날 갑자기' 생기지는 않는다고 말한다. 그리고 문제의 발생 원인을 설명할 때 보호자들이 현재 하고 있는 잘못된 태도 때문에 반려견들의 문제점이 커진 것으로 설명하는 편이다. 왜 그럴까? 전문가들이 과거의 트라우마라는 개념을 배제하고, '현재 보호자와 반려견의 문제'로 원인의 범위를 한정하면, 문제견이 그런 행동을 하는 '의도와 목표'를 알아내고 지금 당장 해결책을 모색할 수 있기 때문이다.

정신분석가들의 의견을 들어보았으니 이제 '후회'와 '변화'에 대한 내용을 정리해보자. 가지 않은 길을 후회하지 말자. 모든 길을 다 걸어볼 수는 없으며 우리는 처음으로 돌아가도 같은 길을 걸었을 것이다. 그리고 그것은 단연코 우리의 잘못이 아니다. 그러나 변화된 지금과 내일을 위한다면 그대로 안주해서는 곤란하다.

아들러식으로 표현하면 '~하고 싶다. 그러나'로 도망가지 않는 용기가 필요하다. 50대는 신체적인 기능의 저하로 20대나 30대에 비해 쉽게 무력감과 후회감에 빠질 수 있다. 이러한 감정을 떨쳐버릴 수 있는 가장 좋은 방법은 지금 당장 즐거움을 가져다주는 요소를 늘려가는 것이다. 이를 위해서 스피노자의 또 다른 메시지인 '기쁨의 철학'을 다음 내용에서 소개하겠다.

바뤼흐 스피노자(1632~1677)

네덜란드의 유대인 철학자로 신을 부정했다는 이유로 파문을 당해 유대교 사회에서 추방되었다. 그러나 그는 신을 부정한 것이 아니라 다른 관점으로 신을 이해했을 뿐이다. 세상 만물에는 신이 깃들어 있다는 관점이다. 달리 말해 세상 만물은 신 안에 있다는 범신론을 토대로 철학을 구축했으며 그 결과 신을 인격적인 존재로 여기지 않았다. 그는 이성의 철학자로, 모든 것이 인과관계로 엮여 있어서 인간의 자유의지가 개입될 여지가 없다고 보았다. 우리 안에는 '코나투스Conatus'라고 불리는 본질이 있다고 했는데, 이는 '스스로를 보존하고 지속하는 능력'을 의미한다. 우리가 매일 슬픔을 줄이고 기쁨을 추구해야 하는 이유는 그것이 우리의 본질인 코나투스의 역량을 키우기 때문이다.

- 모든 일은 필연적이다.
- 따라서 지나간 것을 후회할 필요는 없다. 그때로 돌아갔어도 똑같이 했을 것이다.
- 삶에서 능동성이 강해지면 즐거워지고, 수동성이 강해지면 슬퍼진다.
- 오늘의 기쁨과 즐거움을 추구하는 게 중요하다.
- 정신은 각자의 몸에 대한 관념으로 형성된다. 그만큼 몸에 대한 인식이 중요하다.

대체 불가한 존재

장 폴 사르트르

특정 세대를 규정하는 심리는 없다

20대는 막연한 미래를 불안해할 때고, 30~40대는 치열하게 경쟁할 때고, 50대는 후회하기 좋은 때다. 이 표현은 유명한 누군가의 말이 아니라 내가 50대를 위한 이 책을 쓰기로 결심한 후에 그냥 만들어본 세대 구분이다. 50대는 노력했는데도 어렸을 때 꾸었던 꿈과는 거리가 먼 자신을 발견하기 좋은 나이다. 그리고 경쟁에서 밀렸거나 길을 잘못 들어서 '그때 그랬어야 했는데' '다른 길을 택했어야 했는데'와 같은 후회의 감정이 밀려올 나이다.

하지만 50대도 막연한 미래(노후)에 대한 불안함을 느끼며, 30~40대 못지않게 치열하게 경쟁할 수 있다. 그러니 불안, 경쟁심, 후회 등은 특정 세대를 규정하거나 대표할 수 있는 정서, 심리가 아니라 모든 사람이 보편적으로 가졌다고 이해하는 편이 낫다.

이 책을 쓰기 전 50대를 주요 독자로 삼은 책들이 어떤 이야기를 풀어내는지 궁금해 몇 권 읽어보았다. 대체로 60~70대의 인생 선배들이 50대가 되면 젊었을 적보다 경제적으로 더 여유가 생겼을 것을 전제로 이야기한다.

누군가가 20대에 취업해 한 직장에서 오래 일하고, 허튼 일에 돈을 쓰지 않고 꾸준히 재테크를 해왔다면 그 말이 맞을 수 있다. 그러나 30년의 세월은 인생의 굴곡을 겪기에 충분한 시간이다. 그 사이에 평지풍파平地風波를 겪은 사례들은 내가 보고 들은 것만 해도 많다. 이른 명예퇴직 후 소상공인이 되어서 돈만 날린 사례도 무수하고 자녀교육비, 이혼, 질병 등으로 위기를 맞은 이들도 적지 않다. 요즘은 비슷한 나이대라도 처한 상황이 제각각이기 때문에 '50대는 ~하다'라는 명제를 이용해 시기를 구분하는 철학을 이야기하고 싶지 않다.

한편 우리보다 인생을 덜 산 사람의 말을 흘려듣는 자세를 취하면 곤란하다. 몇 년 사이에 나는 에드거 앨런 포Edgar Allan Poe, 기 드 모파상Guy de Maupassant, 오 헨리O. Henry, 에밀리 브론테Emily Bronte, 안톤

체호프^{Anton Chekhov}, 알렉산드르 푸시킨^{Aleksandr Pushkin}, 다자이 오사무^{太宰治}, 미시마 유키오^{三島由紀夫}의 문학작품을 읽었다. 이들은 모두 50세를 넘기지 못했지만 노년이 읽어도 결코 시간이 아깝지 않을 작품들을 남겼다. 내가 주로 인용하는 스피노자도 마찬가지로 45세에 삶을 마감했지만 지금도 많은 사람이 평생을 연구해야 할 철학을 남겼다.

남의 목소리에 이전보다 겸허하고 열린 자세를 갖출 때, 50대는 '삶과 연결 지어' 독서하기에 좋은 나이다. 우리 나이가 50세쯤 되었기 때문에 삶을 어떻게 살아야 하는지 깨달았다는 게 아니라, 누군가의 철학을 삶에 적용해볼 만큼 경험을 누적했다는 의미다.

어떤 이론도 당신을 규정할 수 없다

장 폴 사르트르^{Jean Paul Sartre}는 40세 무렵『존재와 무』를 쓰면서 철학사에 남을 유명한 명제 몇 가지를 이야기했다. 2개를 소개해보겠다.

(개별) 실존은 본질에 앞선다.

명사 2개(실존, 본질)밖에 들어가지 않았지만 실존주의가 무엇인지를 알려주는 명문名文이다. 앞서 나는 20대의 본질을 불안, 30~40대의 본질을 치열한 경쟁, 50대의 본질을 후회라고 제시해보았는데, 이는 세대별 특징을 이야기한 것이지 개개인에 대해 이야기한 것이 아니었다.

그에 비해 사르트르가 말한 '실존'은 세상에서 둘도 없는, 이전에도 없었고 앞으로도 없을, 유일무이한 나를 의미한다. 다시 말해 사르트르의 '실존'은 어떤 본질적인 설명으로 규정될 수 없는 '오직 당신 한 명'을 지시한다. 단지 수많은 50대 중의 한 명이라는 이유만으로 '50대니까 당신은 ~하다'라고 규정할 수 없다.

"실존은 본질에 앞선다"는 20세기 페미니즘을 선도한 문장이기도 하다. 사르트르와 평생의 연인이었던 시몬 드 보부아르Simone de Beauvoir는 사르트르의 위 명제를 토대로 페미니즘을 설파했다고 해도 과언이 아니다. 그녀에 따르면 애초에 '여성은 ~하다'와 같이 표현되는 여성성이라는 본질은 없다. 한 명의 아무개라는 실존이 있을 뿐이다.

이러한 실존의 발견은 동양적인 것이기도 하다. 왜냐하면 동양의 사상들은 언제나 다른 누구도 아닌 자기 자신의 '주체적인 마음'에 대해 이야기해왔기 때문이다. 그리고 성리학과 같이 본질을 설명하는 체계를 발전시키기도 했지만 그 목적은 체계 자체가 아니라 개별 존재를 위해서였다.

50대의 자유에 대해서

사르트르는 또 이런 유명한 말을 남겼다.

우리는 자유라는 형벌을 받았다.

자유는 대단한 의미를 가진 개념이다. 흔히 '자유와 평등'이라고 해서 자유와 평등을 대등한 개념으로 이해한다. 이러한 착각은 자유가 무엇인지 골똘히 생각해보지 않아서 생긴다. 자유는 인간으로 태어난 모든 이의 궁극적 목표라고 할 수 있다. 그리고 평등은 그런 목표를 달성하기 위한 하나의 수단에 불과하다.

이를테면 "당신은 왜 부자가 되고 싶은가?"라는 질문을 받으면 비싼 집에 살고, 비싼 차를 몰고, 비싼 음식을 먹고 싶어서라고 대답할 수 있다. 누군가는 사치를 부리려고 부자가 되려는 게 아니라고 항변할 수도 있다. 그렇다면 검소한 그가 군이 부자가 되려 하는 이유는 무엇일까? 그것은 마음만 먹으면 언제든 비싼 집과 비싼 차와 비싼 음식을 살 수 있는 '능력'을 가지고 싶기 때문이다.

구매하든, 구매하지 않든 돈은 우리를 자유롭게 만든다. 달리 말해 돈이 없으면 자유를 누릴 수 있는 능력을 제한받는 것과 같다. 이 경우 자유를 획득할 수 있는 방법은 두 가지다. 하나는 돈을 가지는 것이고, 다른 하나는 물질에 대한 욕망을 가지지 않는 것이다. 철학은 두 번째 자세를 얻는 데 확실한 도움을 준다.

왜 20세기에 노동운동이, 21세기에 페미니즘이 확산되었을까? 단순히 표현하자면 노동자들과 여성들이 자유를 누리고 싶어서다. 노동해방, 여성해방에서 '해방'은 '어떤 구속에서의 자유'를 의미한다. 공산주의도 집단적인 성격을 띠고 있을 뿐, 그 집단의 구성원 모두가 빵을 사 먹을 수 있는 자유를 추구한다. 흑인 인권 운동, 장애인 운동 모두 마찬가지다. 심지어는 유일신에게 스스로의 자유를 반납하고 구속되려는 이들도 궁극적으로는 '구원'이라는 자유를 원한다.

대학에 가는 것도, 좋은 직장에 다니기를 바라는 것도, 굳이 공대를 자퇴하고 다시 의대에 가려고 하는 것도, 명예를 얻기 위한 행동도 모두 궁극적으로는 자유를 얻기 위한 것이다. 다시 말해 모든 인간은 자유를 추구한다. 그런데 충격적이게도 사르트르는 그 자유가 곧 형벌과 같다고 했다.

이해하면 고통을 줄일 수 있다

문제는 자유가 욕망의 다른 이름이라는 점에 있다. 그 욕망과 현실 사이를 가로막는 벽이 우리에게 고통을 준다. 사르트르의 명제는 우리가 살면서 느끼는 힘듦과 괴로움은 자기만의 것이 아니고 '인간이기에' 느낄 수밖에 없는 숙명적인 정황이라는 점을 알려준다.

50대이기 때문에 힘들고 괴로운 것이 아니다. 하지만 우리는 50대쯤 되었기 때문에 왜 사르트르가 "존재는 본질에 앞선다"라고 하는지, "인간은 자유라는 형벌을 받았다"라고 말하는지 더 잘 이해할 수 있다. 그리고 현명한 50대라면 우리에게 주어진 이 형벌을 어떻게 받아들이고 대처해야 하는지도 더 잘 이해할 수 있다.

앞서 다룬 내용대로 진실을 알수록, 상황을 이해할수록 치유의 효과를 얻고 더 자유로워질 수 있다. 철학의 목소리는 그래서 50대에게도 필요하다.

장 폴 사르트르(1905~1980)

실존주의라는 말을 처음 사용한 사상가이며 노벨문학상 수상자로 선정(수상은 거부)되기도 했다. 페미니스트인 보부아르와의 계약결혼을 한 것으로도 유명하다. 그는 인간의 실존을 '실이 끊어진 연'에 비유했다. 끊어졌기에 연은 하늘을 자유롭게 날아다니는 운명에 처한다. 하지만 갈기갈기 찢겨 죽음을 맞이하기 전까지 다시는 땅에 내려오지 못한다. 이것이 인간의 자유가 형벌이 되는 까닭이다.

- 어떤 이론도 어떤 개인을 완벽하게 규정할 수 없다.
- 인간은 누구나 자유를 추구하며, 그 때문에 일평생 고통받는다.

오십이 앞으로 어떻게 살 거냐고 물었다

소유에 대한 철학

노자

경복궁 설계자의 의도

10년 전에 역사지리학자인 이기봉 박사를 초청해 시민들과 '서울의 재발견'이라는 활동으로 경복궁 답사를 진행했던 적이 있다. 경복궁으로 가는 길을 걸으며 이 궁궐이 어떤 지리적 관점에서 만들어졌는지 이해하자는 취지의 활동이었다.

우리는 갓 상경한 조선시대의 선비들마냥 남대문에서 모여 종각을 거쳐 광화문으로 걸어갔다. 그렇게 세종로 끝자락에 당도하면 직선 코스로 임금을 만나러 가는 길이 펼쳐졌다. 강사는 세종대왕

상이 그 길을 가로막는 위치에 있는 것은 경복궁 설계자의 의도를 잘 간파하지 못한 결과라고 아쉬워했다.

자세를 가다듬고 똑바로 서 있으면 저 앞에 경복궁이 보였으나, 강사는 먼저 고개를 젖혀 하늘을 보게 했다. 그다음 시선을 조금 내려서 산을 보고, 그다음 광화문을 보게 했다. '하늘-산-궁궐' 이렇게 세 요소를 함께 보아야 경복궁 설계자의 의도를 파악할 수 있다는 말이었다.

나는 이전에 광화문 거리에서 하늘을 제대로 바라보았던 적이 있는데, 당시 서울시장의 취향이 반영되어 국제 스노보드 대회가 광화문광장에서 열렸다. 길을 가다 멈추어 대회를 잠시 보았다. 파란 가을 하늘과 경복궁을 배경으로 선수들의 곡예가 이루어지니 멋진 광경이었다. 그런데 그 하늘이 경복궁 설계와 직접 관련이 있는지는 몰랐었다.

정면을 응시하고 경복궁을 향해 걸어가면 광화문 입구는 하나의 네모난 액자처럼 보인다. 한 걸음 한 걸음 내디딜 때마다 웅장한 산이 빠른 속도로 작아지는 모습을 볼 수 있는데, 종국에는 그 액자로 쏙 들어간다. 반면 궁궐의 모습은 계속 커졌고 우리는 문 앞에 당도했다. 그 짧은 걸음에서 하늘을 배경으로 자연물(산)과 인공물(궁궐)의 대비, 원근감의 변화, '하늘-산-궁궐'의 일체감 등이 신비하게 펼쳐졌다.

경복궁에 들어서면 근정전이 보인다. 세계 대부분의 정원은 인공적으로 주변을 차단해 독자적인 작은 세계를 만드는 경향이 있는데 반해, 우리나라의 정원은 자연과 어우러지며 개방적인 게 특징이라고 한다. 근정전 역시 그 면모를 잘 보여준다.

한편 경복궁은 세계의 다른 궁궐과 비교해보면 규모가 작다. 하지만 궁궐, 출입문과 같은 건축물만으로 경복궁을 제대로 감상할 수 없으며, '천天 – 지地(산) – 인人(임금)'이라는 성리학의 세계관으로 바라보아야 설계자의 의도를 정확히 알 수 있다. 그 의도대로라면 경복궁은 세상을 아우르고 있다.

이날 훌륭한 여행자가 되려면 공부를 해야 한다고 새삼 느꼈다. 아는 만큼 보이는 게 맞지 않은가?

그런대로

우리 역사를 돌아보면 요즘처럼 '내 것' '내가 가진 것' '나의 부'를 향한 관심이 컸던 시기는 없었던 것 같다. 사실 나는 지하철을 기다리며 귀에 이어폰을 꽂고 스마트폰으로 유튜브를 시청하면서도 시장과 자본이 가져다주는 놀라운 힘을 매일 느끼는 사람이다.

소유와 관련해 '많이 가질수록 좋다'라는 명제는 나 역시 진리로 받아들인다. 문제는 '내 것'을 향한 관심의 크기만큼 뒤따라오는 '욕망(혹은 열망)'에 대해 얼마나 생각해보았냐는 것이다.

더 많은 돈을 가졌다는 건 그 돈으로 더 좋다는 것을 더 많이 소유하거나 남에게 베풀 수 있는 힘을 가졌음을 의미한다. 그러니 연봉 5,000만 원을 받던 사람이 연봉 1억 원을 받게 되면 분명히 더 즐겁다. 하지만 5,000만 원을 버는 A보다 1억 원을 버는 B가 더 즐거운지는 알 수 없다. 부를 받아들이는 사람의 자세에 따라 부가 가져다주는 즐거움이 달라지기 때문이다. 사람의 즐거움은 객관적으로 판단이 가능한 영역이 아니라 주관적으로 판단이 가능한 영역이기 때문에 즐거움에는 관점이 중요하다.

부자가 되고 싶다는 열망만 있고 부를 바라보는 관점(철학)이 없으면 필연적으로 휘둘리게 된다. 우리는 어릴 때부터 실체도 없는, 외부의 평균적인 기준을 가지고 스스로를 판단하는 경향이 있고, 무의미한 평등 의식을 가지고 살아가는 경향이 있다. 이를테면 '남들이 다 대학을 가니까 나도 대학을 가야 한다'라는 식의 사고 말이다. 그러나 내 통장에 찍혀 있는 잔액의 숫자가 어떻게 다른 사람과 같을 수 있겠는가?

'나이 40도 아니고 50이면 수도권 아파트 한 채 정도는 가지고 있어야 한다'는 명제는 어떻게 다가오는가? 고개를 끄덕이면서 '나는 그동안 무엇을 했나' 하고 자괴감에 빠진다면, '모든 사람은 소유의 정도가 다르다'라는 기본 전제를 망각한 것이다. 우리는 어떤 사람이 나보다 돈을 더 많이 가졌다고 하면 그냥 아무 이유 없이 부러워한다. 그리고 그만큼 가지지 못한 나에게 무언가 문제가 있다고 생각한다. 아니다. 당신은 정말로, 아무런 문제가 없다. 다만 더 많은 돈이 있으면 그만큼 더 좋다고 막연히 생각할 뿐이다.

돈에 휘둘리지 않고 돈을 활용하는 삶을 살고 싶다면, 자신이 가지고 있는 것을 담담하게 대하는 자세가 필요하다. 공자는 이렇게 말했다.

위나라의 공자형은 집에 거하는 자세가 좋았다. 처음 가졌을 때는 그런대로 모았다고 했고, 조금 가졌을 때는 그런대로 갖추었다고 했고, 많이 가졌을 때는 그런대로 아름답다고 했다.
子謂, 衛公子荊善居室. 始有日苟合矣. 少有日苟完矣. 富有日苟美矣.

자신이 가진 것에 마음을 얽매이지 않았다는 의미다. 이에 대해 유학자 양시楊時는 "물질에 얽매이면 교만하고 인색한 마음이 생긴다"라면서 "모두 '그런대로苟'라고 표현한 까닭은 외물外物로 마음을 삼지 않아서 바라는 바가 충족되기 쉬웠기 때문"이라고 주석을 달았다.

아마 공자형이란 사람은 돈을 모으기 위해 나름의 애를 썼을 것이다. 단순히 세월을 보냈다고 돈이 그냥 모이고 갖추어지지는 않는다. 그는 노력했지만 다만 얽매이지 않았던 것이다.

돈을 벌고 모으기 위해 최선을 다하는 자세 또한 '그런대로' 아름답다. 그러나 얽매이는 모습은 그렇지 않다. 이는 단순히 아름답고 추함의 문제가 아니라 우리의 행복과 직결된다. 돈에 얽매이는 순간 우리의 삶은 돈을 벌기 위해 살아가는 수준으로 전락하고, 자유를 위해 가지고 싶었던 돈 때문에 오히려 구속되는 삶을 살게 된다.

그러니 우리의 마음은 돈보다 조금이라도 위에 서 있어야 한다. 만약 그렇지 않다면 우리는 어떤 경제적 상황에서도 더 많은 돈을 갈구할 뿐 불안감, 열등감, 얄팍한 우월감 속에서 결코 자유로워지지 못할 것이다. 공부도, 일도, 돈도 모두 진인사대천명盡人事待天命(최선을 다하고 하늘의 뜻을 기다린다)의 자세가 필요하지 않을까?

내 것을 제외한 세계와의 관계

지금 하는 이야기는 '가진 것' '있는 것'에 집착하는 이들에게는 뜬구름 잡는 이야기처럼 들릴 수 있지만 이 책의 주제가 '철학'인 만큼 피하지 않으려고 한다. 실제로 유학, 불학, 노장사상^{老莊思想}을 가리지 않고 전통의 가르침은 모두 '무^無'를 중요한 개념으로 다룬다.

경복궁의 조형물만 바라보는 시선에서 경복궁을 구성하는 배경, 혹은 여백이 되는 공간까지 바라볼 수 있는 시야를 가질 필요가 있다. 노자^{老子}는 『도덕경^{道德經}』에서 이렇게 말했다.[11]

> 30개의 바큇살이 모여 하나의 바퀴가 만들어지지만, 바큇살 사이의 빈 공간이 있어야 수레의 쓸모가 생긴다. 찰흙을 이겨 만든 그릇도 빈 부분 때문에 쓰임이 있게 된다. 문과 창을 뚫어 방을 만드니 빈 공간이 생겨 방으로 쓰는 것이다. 따라서 이런 것들이 이로운 것은 그것들의 빈 부분이 쓰이기 때문이다.
> 三十輻共一轂, 當其無, 有車之用. 燃埴以爲器, 當其無, 有器之用. 鑿戶牖以爲室, 當其無, 有室之用. 故有之以爲利, 無之以爲用.

이런 것을 '무의 용(없음의 활용)' 또는 '무용의 용(쓸모없음의 쓸모 있음)'이라고 부른다. 내가 어느 정도를 가지고 있든 간에, 내 것이 아닌 것의 세계를 내 인식 속으로 포함하는 역량이 필요하다고 노자는 이야기하고 있다.

하늘과 산을 함께 아우를 때 경복궁의 크기는 그렇게 중요하지 않고, 어떻게 어우러지는지가 관건으로 작용한다. 마찬가지로 내가 얼마나 많은 돈을 가지고 있는지보다, 내가 가지고 있는 것이 세상과 어떻게 어우러지는지가 관건으로 작용한다.

가진 것에만 집착하는 태도는 죽을 때까지 궁궐의 크기에 집착하는 관점과 다르지 않다. 그 관점의 문제는 아무리 큰 집을 소유해도 다른 더 큰 집이 등장하면 스스로 초라해지는 느낌을 받게 된다는 점이다. 인간은 한번 큰 걸 보면 계속해서 큰 쪽만 보게 되고 작은 쪽은 보려고 하지 않는다. 하지만 시야 자체를 확장하면 자신이 가지고 있는 것의 인식이 바뀔 수 있다. 자기보다 더 많이 가진 사람보다 오히려 더 여유가 생길 수 있다.

소유는 소유를 뺀 나머지 세상과 어떤 관계가 있는지에 따라서 그 가치가 좌우된다. 자기 것을 제외한 나머지 전체를 조망하는 시선을 가지지 못한다면, 지금부터 많은 돈을 모으더라도 결코 모인 액수에 만족하지 못할 것이다. 자기보다 돈이 많은 사람을 보며 받은 상처를, 자기보다 돈이 적은 이를 보고 무시하며 받는 우월감으로 보충하는 구도에서 벗어나지 못하는 삶을 살아갈지도 모른다.

50대라면 서점에서 시 분야만 별도로 베스트셀러 순위를 붙여 놓았던 시절을 기억할 것이다. 당시 대중적인 시집이 1위에 올랐던 적이 있었는데 그 시집의 제목이 『손끝으로 원을 그려봐 네가 그릴 수 있는 한 크게 그걸 뺀 만큼 널 사랑해』였다. 이 관점은 자신이 가지고 있는 것 이외의 여집합에 대한 인식이다. 그런 시선이 있을 때

오십이 앞으로 어떻게 살 거냐고 물었다

우리는 덜 가진 것을 한스럽게 생각하지 않을 수 있고, 덜 가졌더라도 타인과 나눌 수도 있고, 공공의 것(자연)을 자기 것으로 인식하는 자세를 갖출 수 있다. 그것은 우리가 가진 것보다 훨씬 더 넉넉한 세상으로 우리를 안내할 것이다.

노자(?~?)

'자연自然(저절로 그러함)'의 본래 의미를 철학으로 풀어낸 인물이다. 자연의 모습 그대로, 억지로 하는 것(유위)보다 저절로 이루어지는 것(무위)을 최상위 리더십으로 제시했고, 남성보다 어린아이와 여성의 유연한 특성을 포용력과 결부지었다. 또한 보이는 형체보다 그것을 둘러싼 허공(무)을 더 중요하게 인식하는 관점으로 '무용의 용(쓸모없음의 쓸모)'을 설파했는데, 이는 서양철학에서 발견되지 않는 사유법이다.

- 필요 없어 보이는 것 때문에 어떤 것이 가치를 얻는다.
- 한쪽이 싸울 의사가 없으면 싸움은 이루어지지 않는다.
- 최고의 리더는 그가 있는지도 모르게 일이 이루어지게 한다.
- 만물은 극점에 도달하면 반드시 돌아온다.

3장

오늘을 살아가는 법

50대의 여행

논리학: 복합명제

여행길에서 만나는 비

지난 여름휴가 때 가족과 남해에서 휴가를 보냈다. 거의 10년 만에 남해군의 다랭이마을을 찾아 2박을 했고, 그리고 생애 처음으로 여수를 방문해 2박을 했다. 휴가 일정 동안 날씨는 괜찮았는데 집 돌아가는 고속도로에서 폭우가 쏟아지기 시작하자 차 안에서 "우리 참 휴가 일정 잘 잡았다"라는 담소가 이어졌다. 휴가 일정이 끝나고 폭우가 쏟아져서 나도 다행이라고 생각했다.

만약 홀로 떠난 여행이었다면 이런 갑작스러운 폭우는 크게 신경 쓰지 않았을 것이다. 그런데 굳이 다행이라고 생각한 까닭은 아직 어린 아들을 포함한 가족과의 여행이었기 때문이다. 언젠가부터 날씨와 무관하게, 혹은 날씨에 맞추어서 여행을 즐기는 방법을 익혀가고 있다. 여행을 갈 때 비를 피하고 싶은 이유는 비가 활동을 제한하기 때문이다. 그런데 여행을 구성하는 요소는 야외 활동도 있지만 그저 '쉼(물멍, 불멍, 사색, 독서 등)'도 있다. 여행 일정에 후자의 비중을 높게 잡으면 비가 오고 안 오고는 그렇게 중요하지 않을 수 있다. 활동이야 우산을 쓰고 좀 느리게 걸으면 될 일이니까.

오히려 비 내리는 날씨를 더 좋아하는 이도 있다. 20여 년 전 인터넷이 처음 세상에 나온 후 여러 온라인 커뮤니티가 유행처럼 생겨났고 나도 몇 개의 인터넷 카페에 가입했었다. 그중 하나는 '날씨 이야기'라는 카페였다. 그냥 그날의 날씨 이야기를 나누는 곳이었는데, 날씨를 시작으로 이야기를 좀 더 풀어가는 이들이 있었다. "이곳은 눈이 내리네요. 아침부터 첫사랑의 추억이 떠오릅니다…" 라고 대화를 시작하는 식이었다. 만약 날씨가 매일 맑고 창창하기만 하다면 그런 카페는 탄생하지 않았을 것이다.

닉네임이 '비라는 이름'인 회원이 있었는데 비가 올 때마다 감성적인 글을 올리고는 했다. 그 카페는 사라질 때까지 딱 한 번 정모를 했는데 과감하게도 1박 2일이었다. 정모에서 나는 '비라는 이름'과 만났다. 그 기회에 그와 비를 주제로 대화를 나누었는데 비에 대해서 그렇게 오랫동안 이야기를 나눈 적은 없었으며, 비가 그렇게 여러 종류가 있다는 사실도 처음 알게 되었다. 그런 이에게 여행 길에서 만나는 비는 자신을 위로하는 친구처럼 느껴질 것이다.

'그리고 일정표'에서 '또는 일정표'로

느리게 걷는 여행에 대해 좀 더 이야기해보려고 한다. 단체로 가는 패키지여행 상품의 일정표를 보면 매일 여러 일정이 아침부터 '그리고and'로 연결된다. 이후 오후의 선택 관광에서 잠시 '또는or'이라는 제한된 자유가 여행객에게 주어진다. 누구나 주어진 것보다는 자유로운 선택을 좋아하니까 대체로 50대까지는 자유여행을 선호하는 것 같다. 그런데 자유여행을 준비하면서 짜는 일정을 패키지여행 일정과 비교하면 생각만큼 다르지 않다. 대체로 방문하는 명소나 맛집이 비슷하므로 어디를 가도 깃발을 들고 있는 단체관광객을 볼 수 있다.

여행을 준비하는 자세도 패키지여행에 비해 별로 느긋하지 않다. 무엇을 준비하고, 어디를 가는지를 기록한 일정표를 만들 때 훨씬 많은 희망사항을 빼곡히 적어놓고는 한다. 그러다 여행 막바지에 가서야 불가피하게 '또는'을 적용한다. '이제 이틀밖에 안 남았는

오십이 앞으로 어떻게 살 거냐고 물었다

데 남은 목록 중에서 무얼 해야 하지?'라는 아쉬움을 느끼곤 한다.

나는 이탈리아를 다녀온 후에 자유여행의 일정을 바꾸기로 했다. 이탈리아 여행의 둘째 날 일정이었던 바티칸미술관에서 본 엄청난 미술 작품은 하루에 결코 다 감상하지 못할 정도로 많았다. 그날 우리가 신청한 1일 가이드는 정말 멋진 해설을 해주었지만, 정신없이 빠르게 움직였기에 하나의 작품을 온전히 '감상'할 시간은 주어지지 않았다. 밤에 숙소에서 정보를 정리하고 다음 날 한 번 더 미술 작품들을 '제대로 감상하러' 가고 싶었다. 그러나 혼자 온 여행이 아니었기에 이야기를 꺼낼 수 없었다.

일정표를 보면서 문득 이런 생각이 들었다. 나를 위해 여행지가 존재하지, 여행지를 위해 내가 존재하는 것은 아닌데 사진을 찍자고 여행지를 최대한 많이 방문할 필요가 있을까? 내가 찍은 것보다 현장을 더 멋있게 찍은 사진들이 인스타그램에 널려 있지 않은가? 어떤 영감을 느꼈을 때 그 영감을 좀 더 끌고 싶었다.

이후 홀로 가는 자유여행에서 나는 '또는'으로 연결한 일정을 작성하기 시작했다. 이를테면 이탈리아 여행이라면, '바티칸미술관을 간다.' '피렌체의 두오모 성당을 간다.' '베네치아의 리알토 다리를 간다.' 등을 '그리고'로 연결한 복합명제는 모든 곳을 방문해야 참으로 귀결된다. 하지만 '또는'으로 연결하면 이 모든 나열 중에서 하나만 충족해도 전체 복합명제는 참으로 귀결된다. 시간이 들더라도 바티칸미술관의 수많은 미술품 앞에서 충분하다고 느낄 만큼 감상을 시도했다면, 그것만으로도 이탈리아행 비행기표는 아깝지 않을 것이다.

'그리고'로 연결한 복합명제의 진릿값을 표로 정리하면 다음과 같다.

'그리고'로 연결한 복합명제의 진릿값

A	B	A and B
참	참	참
참	거짓	거짓
거짓	참	거짓
거짓	거짓	거짓

'또는'으로 연결한 복합명제의 진릿값은 다음과 같다.

'또는'으로 연결한 복합명제의 진릿값

A	B	A or B
참	참	참
참	거짓	참
거짓	참	참
거짓	거짓	거짓

오십이 앞으로 어떻게 살 거냐고 물었다

50대의 성공적인 여행이란

사실 여행이라는 즐거움의 절반은 출발하기 한 달 전부터 가지는 기대감이다. 연애의 현실보다 짝사랑의 꿈이 더 낭만적인 것처럼, '여행을 가면 이걸 할 거야, 저걸 할 거야'라는 온갖 생각들이 기대 감을 고조시킨다.

기대를 절제하지 말고 일정표에 모두 적자. 하지만 그것들을 '또는'으로 연결해보자. 실제 여행에서는 그 모두를 실천할 시간이 없다. 로마의 일주일이라고 서울의 일주일보다 시간이 더디 갈 리 는 없으니까 말이다.

만약 여행 첫날부터 하루 종일 비가 내리기 시작해 마지막 날 까지 그치지 않았다고 가정하자. '또는'으로 일정을 짠 사람은 비 내리는 날씨에도 느긋하다. 어차피 일정표에서 한두 개만 잘 소화 해도 내 여행은 '참'이 되기 때문이다. 반면 '그리고' 일정표를 가지 고 간 사람은 비가 언제 그치는지 확인하려고 한 시간 간격으로 스 마트폰을 들여다볼 것이다.

느긋해도 된다. 여행은 다음에도 올 것이고, 방문하지 않은 곳 은 인스타그램에서 더 선명한 모습으로 볼 수도 있다. 아예 카페의 정모에서 만났던 '비라는 이름'처럼 여행길에서 우연히 만나게 되 는 비를 사랑하기로 작정하는 것도 괜찮다. 그러면 오히려 느긋하게 비를 기다리는 여행자가 된다.

그렇다면 '또는' 일정표에 타짜도르^{Tazzadoro}의 커피를 맛보면서 '비 오는 이탈리아의 카페에서 읽고 싶은 책 읽기'를 일정에 넣을 수도 있다. 책을 읽은 곳이 출퇴근 지하철이 아니었다는 이유로, 또는 하필 동네 커피숍이 아니라 커피 본고장의 3대 커피숍이었다는 이유로 그날 읽었던 명작의 감동은 평생 기억에 남을 수도 있다. 그 하나의 경험만으로도 여행은 의미가 있다. '그리고' 일정표를 따르는 여행이라면 카페에서 반나절 시간 보내기를 일정에 넣기는 불가능할 것이다.

일정 마지막 날 밤 또는 비행기 탑승을 기다리는 동안 우리는 지금까지의 여행을 정리하는 시간을 가지게 된다. 여행 중에 했던 일들을 나열하며 정리하고는 최대한 많은 곳을 방문한 것으로 여행의 의미와 보람을 평가하지 않았으면 좋겠다. 그보다 여행을 다니며 내 오감은 무엇을 느꼈고 어떤 새로운 자신을 만났는지 나열하고 정리해보자.

고민을 안고 있다면 여행으로 희미한 답을 얻었을 수도 있다. 그렇지 않더라도 한국에서의 자신을 조금 더 객관적으로 바라볼 수 있는 시간을 보내며 절반 정도의 답을 얻었을 수도 있다. 여행지에서 누군가와 만나 앞으로 연을 이어가기로 했을 수도 있다. 상처와 무기력을 위로와 활력으로 바꾼 일주일이었을지도 모른다. 혹은,

아무것도 아니었고 단지 쉬다 돌아왔을 수도 있다.

그러면 또 어떠한가? 50대에는 좀 더 느리게, 좀 더 깊이 있게 돌아다니자.

왜 불행해질까?

애덤 스미스

모든 고민은 인간관계에서 나온다

20대 후반에 클럽에서 나이가 같은 어떤 여성을 만났는데 다음에 한 번 보기로 약속했다. 약속 날에 어떻게 왔냐는 질문에 차가 없어서 대중교통으로 왔다고 답하니 약간 떨떠름한 표정을 지으면서 "근데 그 나이에 아직 차가 없어?"라는 다소 무례한 질문을 받았다. 20대 초반에 없었던 차가 아직 취업도 하지 않은 20대 후반에 있어야 할 특별한 이유는 없었다. 만남의 조건이 맞지 않다면 맞는 사람을 만나면 된다. 우리의 문제는 조건이 맞지 않는 만남으로 열등감

오십이 앞으로 어떻게 살 거냐고 물었다

을 느끼고 스트레스를 받는 데 있다.

아들러는 "우리의 모든 고민은 인간관계의 고민"[12]이라는 견해를 내놓았다. 그의 견해에서 '모든'에 주목해야 한다. 정말 단 한 가지 예외도 없이 모두 인간관계의 고민일까? 골똘히 생각해보면 건강 문제는 예외다. 주변에 아무도 없어도 혼자 몸이 아프면 무척 괴롭다. 어떤 종교를 선택하느냐의 고민도 인간관계와는 무관할 수도 있어 제외된다.

몇 가지 경우를 제외하면 아들러의 관점은 틀리지 않다는 생각이 든다. '20대 후반이면 차를 몰고 다녀야지'라고 생각하는 사람을 만나지 않는다면, 차를 가지고 있는 사람과 자신을 비교할 필요가 없을 테고 '차가 없는 나'를 열등하다고 생각할 이유도 없을 것이다. 불행은 대중교통을 타고 다니는 자신의 처지 때문이 아니라, 남과의 관계, 남을 의식하는 데서 생긴다. 부정적으로만 보지 말고 관점을 바꾸면, 대부분의 행복도 인간관계에 기인한다. 생일을 축하해주고, 크리스마스를 함께 즐기고, 맛있는 요리를 함께 나누면 우리의 즐거움은 배가된다.

그러니 행복과 불행의 갈림길에서 어떤 인간관계를 맺는지가 매우 중요하다. 그런데 친지, 학교 동기, 직장 동료 등 운명적으로 만나는 이들도 적지 않으므로 생각보다 인간관계에서 우리에게 주어진 선택의 폭이 넓지 않다. 따라서 중요한 것은 '사람을 대하는 나의 태도'라는 점을 알아야 한다. 그 태도는 '비교를 하느냐 안 하느냐' 또는 '어떤 자세로 비교하느냐'와 관련된다.

불행으로 가는 두 가지 비교

만약 남과 비교하는 우리의 오랜 습성이 없다면 거의 모든 고민을 단숨에 날릴 수 있다. 20대 후반도 느끼는 이 스트레스를 왜 50대가 느끼지 않겠는가? 창피하지 않으려면 젊은이들보다는 더 좋은 집에서 살아야 하고, 더 비싼 레스토랑에서 먹어야 하고, 더 좋은 차, 더 좋은 비행기를 타야 하지 않겠는가?

'나이 50에 아직 다세대에서 살아?' '월세로 사는 거야, 전세로 사는 거야?' '고시원에 살아? 젊을 때 돈 안 모았어?' 같은 무례한 말을 면전에 하는 사람은 없겠지만 이런 식으로 남을 비교하는 생각을 하는 사람은 꽤 있다. 하지만 어떤 지역에서 어떤 주거 형태로 살지는 각자의 여건에 따른 것일 뿐이다. 우리가 그렇게 살면 안 되는 필연적인 이유라는 건 없다. 그런데 우리는 열등감을 느끼고 그에 따라 무언가 인생을 잘못 살아온 것이 아닌가 하는 생각을 하게 된다.

과식이 만병의 원인이라면 비교는 모든 불행의 원인이다. 비교는 살아가는 데 불필요한 우월감과 열등감이라는 정서를 동시에 낳는다. 사람의 욕망은 위를 향하고 우월감은 아래를 향한다. 우리는 얼마의 재산을 가지고 있든 욕망과 관련해 아래쪽을 보는 일은 없다. 한편 우월감을 느끼기 위해서는 자신보다 가진 게 없는 아래쪽 사람들이 필요하고 그 수는 많을수록 좋다. 그리고 그들과 자신을 비교하면서 본인이 괜찮은 현실에 처해 있다고 착각한다.

또 다른 비교는 '과거의 나'와 비교하는 일이다. 나이를 떠나 과거에 집착하거나 매몰되어 살아가는 사람들이 있는데, 50대 이후에 가지는 이 태도는 특히 문제다. 보통 은퇴한 이후에 전직의 위치나 활동에 집착하는 사람이 많고, 명함에 아예 전직을 적어놓고 다니는 사람도 있다. 과거의 나는 이러했으니까 어느 정도 인정해달라는 하소연이다. 이런 자세로 100세까지 살다가는 불행의 기간이 계속 늘어가는 결과를 낳는다.

조직 안에 속한 50대는 그 조직에서 가장 높은 연봉을 받는 나이고 그만큼 목소리에 권위가 있다. 그러나 은퇴를 하면 갑자기 사회에서 자신을 필요로 하는 곳이 없음을 알게 된다. 구직활동을 해보면 최저임금을 받는 자리도 쉽게 얻지 못한다는 걸 인정하는 데 오랜 시간이 들지 않는다.

단단한 사람으로 살아간다는 건 이처럼 남과의 비교, 과거와의 비교에서 벗어나 '바로 지금'을 '즐겁게' 살아감을 의미한다.

비교는 인간의 본성이다

그러나 그런 '비교에서 벗어나자'라는 말만으로 끝난다면 이 책의 메시지 또한 여느 행복 특강에서 들을 수 있는 그저 그런 이야기에 지나지 않을 것이다. 비교라는 습성은 한국 사회에서 보다 두드러지지만 기본적으로 인간의 본성이다. 사람 사이의 '관계'라는 게 기본적으로 남을 의식하는 일이기 때문이다. 이 본성을 제대로 파악하기 위해 애덤 스미스^{Adam Smith}의 이야기를 잠시 들어보자.

우리는 왜 부자가 되고 싶을까? 왜 이력을 쌓고 좋은 직장을 가지고 싶을까? 편안하고 안락한 삶을 살기 위해서? 스미스는 그 이유를 타인의 시선에서 찾는다. 우리는 남들의 인정을 받고 싶고 남들의 부러움을 사고 싶다. 스미스는 이를 '허영심^{Vanity}'이라고 표현했다.

스미스가 제안한 대로 우리가 무인도에서 혼자 사는 경우를 가정해보자. 우리는 음식을 찾고, 눈비와 추위 또는 더위를 피해 잘 곳을 찾거나 만들 것이다. 또 여가의 즐거움을 위해 몇 가지 취미를 즐기며 삶을 영위할 것이다. 하지만 굳이 어떤 브랜드가 박힌 가방이나 자동차를 가지려고 노력하지 않고, 섬의 중앙에 거대한 닭장처럼 보이는 아파트를 짓고 그곳에 살려고 애쓰지도 않을 것이다. 즉 스미스는 돈을 벌어 명품 가방을 들고, 좋은 차를 몰고, 비싼 아

오십이 앞으로 어떻게 살 거냐고 물었다

파트에서 살고자 하는 바람이 생기는 이유를 우리가 타인의 시선을 의식하기 때문이라고 설명한다.

그런데 그가 발견한 인간의 이 허영심이라는 '감정'을 경제 현상과 관련지어 쓴 책이 우리가 들어본 바 있는 『국부론國富論』이다. 인간은 타인의 인정認定과 부러움을 받고 싶어서 노력하며 경쟁해왔고, 그 결과 인류는 더 잘 먹고 잘살게 되었다는 이야기다.

그러니 스미스는 인간의 감정을 제어하기보다는 사회를 위해 유용하게 활용하는 전략을 도모했다. 이를테면 『도덕감정론道德感情論』[13]에서 그가 제시한 교육에 대한 방안은 이렇다.

교육의 위대한 비밀은 허영심을 적절한 대상으로 향하도록 하는 것이다.

비교의 습성, 허영심, 경쟁심 등의 감정은 누구나 가지는 자연스러운 정서다. 그러니까 정도의 차이가 있을 뿐이고 우리는 끊임없이 남과 비교할 수밖에 없는 운명을 타고났다. 그런데 보통 '스미스'라고 하면 시장경제를 이론화한 사람이며 경쟁을 미화한 자본주의의 상징적인 인물로 이해하는 이가 많은데, 이는 그의 『도덕감정론』을 읽지 않았기 때문이다.

그는 인간의 본성인 비교와 경쟁심이 경제발전의 원동력이 되었다고 이야기했을 뿐이지, 그 심리가 인간을 행복으로 이끈다고 이야기하지 않았다. 그는 오히려 행복을 위해서는 "그곳에 들어가서는 안 된다. 야심의 영역 속에는 절대로 들어가서는 안 된다"라고 경고했다. 그리고 행복은 사회적 지위와 무관하다는 결론을 내리면서 이렇게 말했다.

> 허영과 우월이라는 경박한 쾌락을 제외하고는, 가장 높은 지위가 제공할 수 있는 모든 쾌락을 우리는 개인의 자유만이 존재하는 가장 초라한 지위에서도 발견할 수 있다.

이것이 시장경제를 이론화한 경제학자 스미스의 행복관이다. 그렇다면 허영심을 본성으로 가지는 우리가 행복해지려면 어떻게 해야 할까? 두 가지 방법을 설명하고자 한다.

첫째, 남과 비교하는 습성을 줄인다. 비교를 안 하기는 불가능하지만 의식적으로 노력해야 한다. 둘째, 누군가에게 부러움을 느낄 때 열등감이라는 부정적 정서를 키우지 말고 더 나은 자신을 위한 발전적 길을 향한다. "부러우면 지는 거야"라는 표현은 열등감 때문에 나온 말이다. 중요한 건 그 누군가의 위치가 아니라 자기가 가는 길에서 더 나은 위치다. 누군가가 부러울 때 그의 길을 보지 말고 자신의 길을 봐야 한다.

이제 이런 자세를 가지고, 50대가 '지금'을 즐겁게 살아가기 위한 방법으로 철학자들이 무엇을 제시했는지 살펴보겠다.

애덤 스미스(1723~1790)

그는 평생 2권의 책을 남겼는데 『도덕감정론』과 『국부론』이다. 그의 경제 사상인 '보이지 않는 손'과 경제학의 인문적 토대를 파악하려면 인간의 본성을 다룬 『도덕감정론』을 반드시 읽어야 한다.

- 허영심은 인간의 본성이기에 없앨 수 없다. 이 감정을 발전적인 방향으로 활용할 수 있어야 한다.
- 허영심의 충족을 빼고는, 아무리 가난해도 부자가 누리는 모든 행복을 누릴 수 있다.

60을 위해 지금을 희생하지 않으려면

장 자크 루소

여행을 분산하자

30대 후반 4월의 어느 밤 아내와 TV를 보며 채널을 돌리다 홈쇼핑 여행상품을 우연히 보았다. 홈쇼핑으로 어떤 물건도 산 적이 없는 우리가 여행상품을 구매한다는 건 사고思考의 범주 밖이었다. 그러나 잠시 화제가 된 이유는 여행상품의 말도 안 되게 싼 가격 때문이었다. 비행기 푯값도 안 되는 가격이었기에, 혹시 갔다가 쇼핑센터만 돌고 끝나는 여행상품은 아닌가 의문이 들 정도였다. 비수기의 짧은 국내여행을 계획하고 있었던 우리는 호기심으로 하룻밤 만에

오십이 앞으로 어떻게 살 거냐고 물었다

계획을 수정했고 보라카이 패키지여행을 떠났다.

우리 패키지여행과 함께하는 사람들 중에는 50대로 보이는 여행객이 많았는데 비교적 젊은 30대 커플이 셋 있었다. 끼리끼리 모인다고 첫날부터 친해졌다. 다행히 여행 중에 우려했던 일들은 일어나지 않았으며 식사 시간에 모이는 것 말고는 자유여행과 별 차이가 없었다. 해변에 쇼핑센터가 있을 리 없으니 쇼핑센터만 돌아야 하는 일정은 애초에 불가능했다. 나중에 현지 가이드가 우리에게 자기네는 "한국의 여행사와 계약해서 성수기 때 수익을 내고 이런 비수기 때는 그냥 정해진 일정을 돌리기만 한다"라고 말해주었다. 어쨌든 내게 처음이자 마지막이었던 '비수기 홈쇼핑 저가 패키지여행'은 성공적이었다.

그런데 어느 식사 시간 때 한 60대 부부와 마주 앉아 잠시 이야기를 나눈 적이 있다. 60대 부부는 은퇴 후 연금으로 생활하고 있었는데 매달 한 번씩 해외여행을 떠난다고 했다. 그리고 나이를 먹으니 체력적으로 힘들어서 늘 패키지여행을 다니고, 두 달에 한 번 갈 수 있는 여행 비용으로 저렴한 여행상품만 골라 매달 한 번씩 떠난다는 나름의 전략까지 덧붙였다. 그리고 은퇴 이전에는 일만 하고 여행을 다녀본 적이 거의 없었다면서, 나이가 들면 눈이 잘 안 보이니 젊을 때 자주 해외에 나가라는 말씀도 해주셨다.

나는 그때 연금에 대한 부러움도 느꼈지만, 저 금실 좋은 60대

부부가 연 12회 해외여행의 절반 정도를 젊을 때로 분산했더라면 더 좋은 분포도가 그려지지 않았을까 생각했다. 덜 힘들고 더 잘 보이면 비용 대비 여행의 질도 더 높지 않을까?

희생의 메커니즘

50대가 되면 노후 준비 이야기가 부쩍 는다. 은퇴 시점은 빨라졌는데 평균 수명은 100세에 가까워지니 은퇴 후 남은 40~50년을 어떻게 보내야 할지 걱정이 없을 수 있겠는가? 50대는 아직 한창 일할 나이이며, 자녀에게 들어갈 비용도 한 짐이고, 퇴직 이후 새로운 사업도 구상해야 하니, 공무원이나 교원처럼 안정적인 연금을 받는 직업이 아니라면 불안감을 느낄 수밖에 없다.

물론 행복하고 여유로운(최소한 궁핍하지 않은) 노년을 위해 적절한 노후 준비를 해야 한다. 하지만 우리가 분명히 알아야 할 점은, 50대는 노년을 위해 희생하는 시기가 아니라는 점이다. 이 명제는 사실 이 책의 독자를 염두에 두었을 뿐, 이 명제에서 50대는 의미가 없으니 이렇게 일반화하고 싶다. '(어느 때든) 지금은 나중을 위해 희생하는 시점이 아니다.'

지금껏 살면서 경험해보았던 걱정들을 돌이켜보면 어떤 패턴을 읽을 수가 있다. 우리는 '유년 – 청소년 – 청년 – 중년(장년) – 노년' 이런 식으로 생애주기를 구분한다. 그리고 아주 어릴 때부터 주기별로 해야 할 걱정들을 주입받았다.

이를테면 '초등학교 때는 상위 1%를 위해서' '중고생은 좋은 대학에 가기 위해서' '대학생은 취업을 위해서' '사회초년생은 직장에서의 성공을 위해서' '더 좋은 이직을 위해서' '정규직으로의 전환을 위해서' 등의 식이다. 그리고 50대는 '노년을 위해서'로 귀결된다. 아직 60대가 되어보지 않아서 그때 또 무엇을 위한 고민을 할지는 잘 모르겠다. '자녀를 잘 결혼시키기 위해'라는 고민을 할지도 모른다.

그런데 주기별로 나열한 '~을(를) 위해서'의 성격을 잘 이해할 필요가 있는데, 이 문구에는 사실 '남들에 비해서'가 생략되어 있다. '누구는 100억 원짜리 건물을 가지고 있다더라' '누구는 65세부터 매달 300만 원씩 연금을 받는다더라' '누구는 부모에게 얼마를 상속받았다더라' 등의 이야기들은 50대의 불안감을 증폭시킨다. 이 '누구는 어떻다더라'라는 이야기가 아주 어릴 때부터 우리를 괴롭혔던 고민의 원천이다.

그러니 고민에서 벗어나는 방법은 이론적으로는 간단하다. 첫째, 나중을 위해 지금을 희생하는 것이 당연한 삶에서 벗어난다. 다시 말해 우리는 언제나 지금을 위해 살아야 한다. 둘째, '누구는 어떻다더라'라는 남과의 비교에서 벗어나 자신의 내면을 응시한다. 그러면 자신에게 지금 정말 필요한 게 무엇인지 알 수 있다.

우리의 60대, 70대를 상상해보자. 젊을 때 열심히 일했고 앞만 보고 달려왔으니 이제 조금 여유를 가지고 휴식을 취하자는 생각을 할 수 있다. 그러나 젊을 때 앞만 보고 달려갈 이유도 없거니와(그런 사람은 무엇을 위해 달려가고 있는지 생각해봐야 한다) 노년에 어떠한 일도 하지 않고 휴식을 취한다는 생각도 옳지 않다. 그리고 본디 노년이란 돈이 있든 없든 젊을 때에 비해서 집에 있는 시간이 많으므로 돈 쓸 곳도 줄어들기 마련이다.

이제 '~을 위해' 살아가는 삶에서 벗어나 그냥 지금을 살아가자. 장 자크 루소Jean Jacques Rousseau는 이렇게 말했다.

앞날에 대한 생각이 우리를 불행으로 이끈다. 불확실한 미래를 전망하면서 현재를 소홀히 한다는 것은 얼마나 미친 짓인가! 이 증상은 나이를 먹으면서 더욱 커진다. … 미래의 행복을 위한다는 미명하에 자행되는 현재의 불행 만들기라니! 어처구니없는 일이다.[14]

혹시 노년에 여행을 갈 계획이라면 당장 여행 일정을 짜서 6개월 안에 떠나보자. 어렸을 때부터 미래를 위해 희생해온 당신은 주저할지 모른다. 그러나 당신이 아무리 바쁘고 돈이 없을지라도 지금의 즐거움을 포기할 만큼 빠듯하지 않다. 지금 인생을 즐기지 못한다면 결코 60대가 되어서도 인생을 즐길 수 없다.

그나마 눈이 잘 보일 때 열심히 돌아다니자.

장 자크 루소(1712~1778)

『인간 불평등 기원론』, 『사회계약론』 등의 책으로 정치사상에 굵직한 업적을 남긴 그는 저서 『에밀』에서 '에밀'이라는 가상의 소년을 내세워 자신의 교육철학을 이야기했다. "자연으로 돌아가라"라는 말처럼 그는 생래生來적이고 원초적인 인간 본성을 훼손하지 않고 끌어가는 교육을 강조했는데, 그는 '미래를 위해 현재를 희생하는 교육'을 경멸한다.

- 미래에 얽매이면 지금이 불행해진다.
- 나이를 먹을수록 미래를 걱정하느라 현재를 포기하는 경향이 생긴다.

지금 인생을 즐기지 못한다면
결코 60대가 되어서도 인생을 즐길 수 없다.

기쁨의 철학

___

바뤼흐 스피노자

수동성의 슬픔

40대의 어느 해 1월 1일 드디어 금연에 성공했다. 20년 넘게 태웠던 담배를 끊으니 주변에서 갑작스러운 변화라는 말들을 했지만 실상 여러 차례의 시도와 실패를 반복했던 오랜 과거가 있었기에 가능했다.

시사 패널로 잘 알려진 어떤 분과 10년 전쯤 둘이 저녁 식사를 한 적이 있었는데, 그는 평소 흡연자의 권리를 공개적으로 옹호해왔던 분이다. 이분이 얼마나 맛깔나게 담배를 태우던지 "한 대를 태위도 참 낭만적이십니다"라고 말했더니 "젊었을 때 영화 속 말론 브란도$^{Marlon\ Brando}$(20세기 대표적인 반항아를 연기했던 배우)의 모습을 보고 나도 저렇게 멋있게 피워야지"라고 다짐했다고 한다.

내 경우는 흡연이 주는 즐거움보다 육체적으로 정신적으로 좋지 않은 느낌을 더 받았으므로 늘 담배를 끊고 싶었다. 그리고 담배의 중독성이 내 의지와 다른 선택을 하게 만드는 상황으로 몰아가는 느낌이 싫었다. 담배의 중독성은 내 의지와 무관하게 담배를 다시 찾게 하는 '수동성'을 강화했다.

이러한 일상 속의 '수동성'을 중요하게 다룬 철학자가 스피노자다. 그에 따르면 이러한 수동성이 강화될 때 인간은 슬픔을 느낀다고 한다. 그렇다면 나는 금연을 통해 나를 슬프게 만드는 것들 중에서 하나를 없앴다고 할 수 있다.

스피노자는 '기쁨^{Joy}의 철학자'라고 불릴 만하다. 그는 기쁨이라는 정서를 주는 모든 일을 긍정하고, 슬픔이라는 정서를 주는 모든 일을 부정했다. '어떻게 살아야 하나'라는 인간들의 오랜 질문에 그는 너무나 간결하고 쉬운 답안을(그의 형이상학의 난해함과는 달리) 제시했다. 바로 기쁨을 늘리고 슬픔을 줄이라는 것이다. 사실 이는 우리 모두가 바라는 바가 아닌가?

그는 즐거움을 '능동성', 즉 자기 주도성과 거의 같은 의미로 사용한다. 그런데 왜 내가 주도적으로 경험한 담배는 즐거움보다 슬품의 정서를 줄까? 애초에 담배를 선택하고 태우기 시작한 행위는 누가 내 입을 벌려 억지로 가르친 게 아닌 이상 분명히 능동적인 행위였다. 그런데 시간이 흐르면서 나는 육체적, 정서적으로 피곤해졌고, 금연의 실패가 반복되면서 더더욱 지쳐갔다. 그것은 기쁨이 아니라 슬픔이 강화되는 삶의 모습이었다.

그러면 능동적인 삶, 즉 기쁨이 강화되는 삶을 위해서는 어떻게 해야 할까? 먼저 자신의 삶에서 수동적인 정서를 강화하는 것이 무엇인지 파악할 필요가 있다. 그리고 나를 슬프게 만드는 것들이 무엇인지 이성적으로 파악해보고 목록을 적어볼 필요가 있다. 스피노자는 이렇게 말했다.

수동적인 정서는 우리가 그것에 대해 명석한 관념을 형성하는 순간 우리는 더 이상 수동적이지 않다.

우리가 처한 상황을 '명료하게 알면' 수동적인 정서에서 탈피할 수 있다는 말이다. 그런데 담배는 어쨌든 내가 끊으면 되지만, 내 의지로 어찌할 수 없는 슬픔은 어떻게 해야 할까?

슬픔에는 여러 가지 종류가 있다. 기쁨과 슬픔이라는 두 분류는 어떻게 보면 인간의 정서를 지나치게 단순화한 것일 수도 있다. 그런데 스피노자는 정서에 대한 감수성이 무딘 사람이 결코 아니다.

그는 저서인 『에티카』에서 38가지 인간의 정서에 대해 서술하고 있다. 이성의 철학자이면서 감정의 철학자이기도 한 스피노자의 조언을 받아들이면 어찌할 수 없는 슬픔을 기쁨의 정서로 전환할 수 있을까?

능동성을 강화하는 태도

수년 전 아버지를 떠나보냈다. 강한 후회가 남았던 이유는 검진을 제때 해드리지 못했다는 자책감 때문이었다. 아버지는 평소 건강하셨고 꼭 의사의 진료가 필요한 때가 아니면 병원을 멀리하셨다. 80세를 넘기셨을 때 이번에는 검진을 받아보시는 게 좋겠다고 말씀드렸지만 역시 피하셨다. 당시의 평균 수명이나 기대 수명을 감안할 때 최소한 10년 이상은 '무탈하게 우리와 함께하시겠지'라고 안일하게 생각했다.

그러다 몇 년이 지나 어머니로부터 "아버지가 아침에 앓으실 때가 있다"라는 말씀을 들었다. 그냥 추운 날씨에 걸린 가벼운 몸살이라고 생각하고 병원을 예약했는데, 평소와 달리 아버지는 검진을 거절하지 않으셨다. 검사 결과 길어야 6개월이라는 게 의사의 소견이었다.

오십이 앞으로 어떻게 살 거냐고 물었다

나는 좋게 말해 느긋한 성격을 가졌다. '봄 준비를 해야지' 하면 여름비가 내리고, '단풍 나들이 가야지' 하면 첫눈을 보는 성격이다. 아버지의 나이가 80세가 되시기 전에 다소 강제로라도 병원으로 모셨어야 했는데 하는 자책이 머릿속에서 떠나지 않았다. 아버지의 빈자리는 크게 다가왔고 감정의 침체는 지속되었다.

한편 나는 아들에게 할아버지의 존재를 좀 더 각인해주고 싶었다. 아버지는 끝자리가 '0001'로 끝나는 핸드폰 번호를 쓰셨는데 통신사에 문의해 이 번호를 아들의 핸드폰 번호로 등록했다. 나는 아들이 전화를 받을 때나 걸 때, 손주를 사랑하셨던 할아버지를 가끔 추억할 수 있기를 바랐다.

아마도 아들은 누구와 연락처를 나눌 때 좋은 번호라는 말을 자주 들을 테고 "이 번호는 할아버지가 물려주셨습니다"라는 말을 할 것이다. 하늘에서 아버지가 이를 지켜보시고 내게 "잘 했다"라며 흡족해하실 거라고 생각하면 불편한 마음이 조금이나마 풀린다. 죽음으로 우리 곁을 완전히 떠난 것 같은 사람도 소소한 매개물로 우리 삶에 스며들 수 있다.

슬픔의 정서를 유쾌하게 전환하는 방법들이 무궁무진하지는 않을까? 이 주제로 여럿이 모여 토론하면 삶의 능동성을 강화하는 여러 지혜를 얻을 수 있을 것이다.

몸도 기뻐야 한다

스피노자는 여느 도덕군자들처럼 정신적인 문제만 다룬 철학자가 아니었다. 그는 철저한 이성주의자이지만 육체를 정신과 같은 수준으로 끌고 와서 철학을 전개했다. 이것을 두고 '정신(이성)과 육체의 평행론'이라고 부르는데 그는 이렇게 말했다.

> 많은 것에 적합한 신체를 소유한 자는 자신과 신과 사물에 대해 많은 것을 의식하는 정신을 소유한다.

50대 이후에는 신체적으로 노화가 진행되니 '정신이라도 맑고 건강하게 살아야겠다'라는 다짐은 사실 무의미하다. 우리의 몸이 '약해진다고 느끼면' 우리의 정신도 약해지고, 우리의 몸이 '즐겁다고 느끼면' 우리의 정신도 즐거워진다. 우리가 노화를 부정적으로 받아들이는 이유는 10년 전의 젊었던 자신의 모습과 비교하면 슬퍼지기 때문이다. 그러니 현재 우리가 가지고 있는 신체를 활용해 최대한 느낄 수 있는 즐거움을 모색해야 한다.

더 많은 육체적 즐거움을 추구하자. 더 맛있는 것을 먹고, 더 좋은 것을 보고, 편안함과 안락함을 감각으로 받아들이자. 그러나 그러한 욕망을 추구하는 게 우리에게 능동적 즐거움을 주는지, 수동적 슬픔을 자아내는지 살펴봐야 한다. 먹고 마실 때는 즐거웠지만 과식, 과음으로 몸이 무거워졌는지, 혀로 달콤함을 즐겼는데 각종 첨가물 때문에 두통이 생겼는지 살펴보자. 50대부터는 뒤끝이 좋아야 한다. 몸에 받지 않는 것을 먹거나, 맞지 않는 행동을 해서 커져가는 슬픔을 느낀다면 그 습관은 고칠 필요가 있다.

이제 몸이 기뻐하고 즐거워하는 곳에 돈을 쓰자. 돈이 없다면 돈 있는 사람이 무얼 먹고, 무얼 입는지 보면서 슬픔을 만들어낼 게 아니라, 자신의 일상 속에서 누릴 수 있는 소소한 즐거움을 찾자. 즐거움이란 최종적으로는 주관의 영역이어서 부자의 즐거움과 빈자의 즐거움은 우열을 가릴 수 없다. 예전의 좋았던 자신과의 비교, 지금 남과의 비교, 이 두 가지 비교는 결국 사람을 우울하게 만든다.

행복이 아닌 기쁨

나는 행복이라는 말을 별로 좋아하지 않는다. 왜냐하면 "행복하십니까?"는 종교에서 이야기하는 "구원받으셨습니까?"만큼이나 거창하고 대답하기 어렵기 때문이다. 버트런드 러셀Bertrand Russell의 책 『행복의 정복』처럼 쟁취하기 어려운 대상처럼 보이기 때문이다.

그에 비해서 기쁨은 더 가볍고, 오늘 마음만 먹으면 즐겁게 하루를 보낼 수 있을 것 같다. '행복하게 살기'는 어렵지만 '기쁘게 살기' '즐겁게 살기'는 누구나 할 수 있을 것 같다. 우리는 실제로 그렇게 생각한다. 돈이 없으면 행복할 수 없다고 여기지만, 돈이 없어도 기쁨은 느낄 수 있다고 생각한다. 그러니 행복한 하루가 아닌 기쁨을 느끼는 하루를 보내는 것을 목표로 하면 어떨까? 결국 이런 태도가 우리를 행복으로 이끌 것이다.

소크라테스Socrates 이래 행복은 삶 속에서 추구하는 궁극적인 상태로 여겨졌다(그는 앎, 미덕, 행복 세 가지가 일치하는 것으로 이해했다). 그 결과 헌법에도 모든 이들의 '행복추구권'을 보장하고 있다. 그런데 일상에서 행복을 추구할 때 생기는 가장 큰 문제는 우리를 '미래'에만 집중하게 만드는 것이다. 그렇기에 지금 행복하지 않은 우리는 미래의 행복을 위해 기꺼이 지금을 희생할 수 있다.

스피노자는 그런 우리가 바뀌기를 바란다. 그의 감정철학은 아주 간단하고 쉽다. 기쁨을 증대하고 슬픔을 줄이는 삶을 실천하라는 것이다. 어떻게 하면 좀 더 효율적인 방도로 행복해질 수 있을까? 좀 더 쉽게 달성할 수 있는 조건으로 기쁨을 누리면 된다.

'오늘 엄마에게 전화해서 사랑한다고 말하면 내 마음은 편안해질 거야.' '오늘 저녁은 사랑하는 사람과 요리를 해 먹으면 즐거울 거야.' '오늘 밤 와인 한 잔에 무라카미 하루키村上春樹의 신간을 읽으

면 어제 받은 상처가 조금은 치유될 거야.'

이런 비교적 쉬운 조건을 달성한 후 당일 바로 확인하자. 내 마음이 편안해지는지, 즐거워지는지, 그리고 상처가 치유되는지를 확인하자. 스피노자가 말한 행복은 아마 그런 모습일 것이다.

삶을 내려놓고 싶을 때

논리학: 충분조건

행복에 이르는 길은 여러 가지다

연예인, 정치인 같은 유명인이 극단적인 선택을 했다는 뉴스가 잊을 만하면 들린다. 사랑이든, 돈이든 많은 걸 가졌을 그들은 어떤 상실로 그런 충동을 느꼈을까? 어렸을 때부터 대중의 관심을 받는 스타였던 연예인의 비극은 나이를 불문하고 일어나는 일이지만 정치인의 비극은 통상 50대 이후의 일이다. 대중의 표를 구하는 선거를 치러야 하고, 명예를 목숨처럼 생각하는 직업이니 아마도 그들의 행복관은 '사람들의 존경을 받으면 행복하다'일 것 같다.

그런데 공정과 정의를 외치던 그들도 사람인지라 어떤 치부가 드러나기 마련이다. 치부가 드러난 그들을 사람들은 손가락질하며 위선자라고 비난한다. 이렇게 더 이상 '사람들의 존경을 받지 못하면' 어떻게 될까? 그는 불행해질까? 이렇게 생각하는 사람은 이런 논증을 거친다.

- 존경을 받으면 행복하다.
- 더 이상 존경을 받지 못한다(전건 부정).
→ 따라서 불행하다.

논리학에서는 이를 '전건 부정의 오류'라고 부른다. 존경을 받지 못한다고 해서(전건 부정) 저절로 불행이 따라오지 않는다는 말이다. '남들의 존경' 말고도 행복에 이를 수 있는 길은 여러 가지다. 존경을 잃은 그가 결과적으로 행복할지, 불행할지는 아직 확정되지 않았다.

뒷돈을 받다 걸렸든, 이성 문제로 패가망신했든, 존경과 명예를 상실한 그가 취할 행동은 무엇일까? 반성하고 노력해 다시 대중의 사랑을 받게 되면 가장 좋지만 이는 쉽지 않은 일이다. 하지만 한 번의 이미지 실추로 그가 죽을 때까지 파렴치한 인간으로 손가락질을 받는다고 해서 불행을 단정하거나 방치할 필요는 없다. 존경이라는 또 다른 행복의 경로를 놓으면 될 뿐이다. 행복의 길은 결코 하나가 아니다.

하루키가 사용한 특별한 언어 중에 '상실되었다'가 있다. 어느 이야기 속 인물이 무언가를 잃으면, 특히 그것이 인물이 살아가는 이유였을 만큼 소중한 것이었다면 그는 상실의 시대를 견뎌내야 할 테다. 하지만 그것이 '삶의 상실'을 선택할 조건이 될 수 없다는 점을 논리학은 분명히 알려주고 있다.

살아가는 데 충분한 조건

우리 부부는 아이를 오래 기다렸다. 처음에는 내가 삼형제였다는 이유로 내 아이도 여러 명이길 기대했다. 세 자매로 자랐던 아내는 굳이 내 생각을 긍정도, 부정도 하지 않았다. 하지만 몇 년이 지나면서 생명이 왜 하늘의 선물이라고 부르는지 알게 되었다. 그렇게 바람의 끈을 놓으려 할 때 아이가 찾아왔다. 수취인불명으로 10년을 돌고 돌아 도착한 선물처럼 우리에게 다가왔다.

우리 같은 부부에게 아이는 세상과도 바꿀 수 없는 가장 소중한 존재이고 삶의 이유다. 한 번도 물어본 적은 없지만 아마 아내는 때로 이런 독백을 할 것이다.

- "아이야, 너 때문에 내가 살아간단다."
- "네가 있다는 것, 너 하나만으로 충분해."

이 독백을 논리학으로 '네가 존재하니까→나는 삶을 포기하지 않아'라고 표현한다. 가끔 TV 토론 같은 데서 관련이 없다는 걸 강조할 때 "그건 충분조건도 필요조건도 아닙니다"라고 하는 말을 들어본 적이 있을 것이다. 위 독백에서 앞의 것(너의 존재)을 뒤의 것(살아냄)을 위한 '충분조건'이라고 부른다.

그러니 엄마는 모든 것을 잃어도 아이가 있는 한 어떻게든 버텨낸다. 더 이상 하루를 버텨내기 어려운 상황에서도 삶을 지속할 것을 지시하는 가장 강력한 존재는 바로 '너'라는 것. 그럴 때 너는 내가 살아가기 위한 '충분한' 조건이 된다. 삶의 이유는 그 하나만으로도 충분하다.

하지만 선물을 거두는 것도 하늘이어서 때로 아이는 부모보다 먼저 세상을 떠나기도 한다. 예전에 한 의대생이 새벽 한강 둔치에서 실종된 사건이 있었다. 한 아이의 아빠로서 나 역시 그가 나타나기를 가슴 졸이며 기원했다. TV에서 그 청년의 아버지를 보면서 아들이 그에게 어떤 의미인지 알 것 같았다. 아들은 아버지에게 살아갈 충분한 이유가 되는 존재였을 테다.

그 이유가 사라진 지금 아버지는 어떻게 살아야 할까? 나중에 알게 된 사실이지만 그는 나와 한동네에서 살았던 중학교 선배였고, 또 대학 선배이기도 했다. 그도 대학 입학 직후 교양영어 첫 시간에 배웠을 해리 골든^{Harry Golden}의 에세이 『쇼는 계속되어야 한다 The Show must go on』를 기억할 것이다.

> 모든 사람은 저마다 가슴속에 슬픔을 간직한 채 무대에 올라간다…. 쇼는 계속되어야 한다. 배우뿐만 아니라 우리 모두도 그래야 한다. 우리는 단 한순간도 그 쇼를 멈추어서는 안 된다.
>
> Everybody goes out on the 'stage' with sorrow in his heart…. The show must go on. Not only for actors, but for all of us. we dare not stop 'the show' for a single moment.[15]

작가는 인도의 시인 라빈드라나트 타고르^{Rabīndranāth Tagore}의 작품에 나오는 이야기 하나를 들려준다. 어느 날 타고르의 하인이 정해진 시간에 출근하지 않았다. 1시간이 지나면서 타고르의 속은 타들어갔다. 2시간이 지나면서 타고르는 하인에게 어떤 벌을 줄지 온갖 궁리를 짜내기 시작했고, 3시간이 지나자 더는 하인에 대한 생각을 하지 않았다. 타고르는 하인을 바로 해고하리라 다짐했다. 점심때가 되어서야 하인이 모습을 나타냈고, 그는 아무 일도 없었다는 듯이 밥을 짓고 청소를 하기 시작했다. 시인은 황당한 표정으로 그를

오십이 앞으로 어떻게 살 거냐고 물었다

지켜보다가 당장 나가라고 고함을 쳤다. 계속 빗자루로 청소를 하던 하인은 잠시 후 나지막한 목소리로 말했다. "제 어린 딸이 어젯밤에 죽었습니다."

존재의 이유를 상실했지만 아버지는 무대에서 내려올 수 없다. 그에게는 살아야 할 다른 이유가 있을 것이며, 없었다면 새로이 찾아야 한다. 아이는 아버지가 삶을 살기 위한 '충분조건'이었지만, '필수조건'은 아니기 때문이다. 논증문의 형태로 표현해도 이 상황을 확인할 수 있다.

- 네가 존재한다면 → 나는 삶을 포기하지 않아.
- 네가 존재하지 않아(전건 부정).
→ 따라서 나는 삶을 포기할 거야.

위 논증은 전건 부정의 오류를 범하고 있다. 그런 상황이 도래했다고 해서 그런 결론이 필연적으로 도출되지 않는다. 50대의 절망은 아마도 젊었을 때 겪은 절망과 달라 낯설 것이다. 하지만 어떤 상황에서도 우리는 무대 위에서 삶을 살아낼 것이다. 논리적으로 보아도 그러하다.

행복의 길은
결코 하나가 아니다.

실패를 활용하는 법

도전하는 삶

요즘 대학에서는 학기 중에 '인문주간'이라는 기간을 정해서 한 주
동안 집중적으로 인문학 특강과 독서토론 등의 행사를 진행하곤 한
다. 어느 대학의 인문주간에 한 연사는 학생들에게 꼭 읽어보아야
할 소설이라며 어니스트 헤밍웨이^{Ernest Hemingway}의 『노인과 바다』를
소재로 강의를 했다.

　퇴임을 앞둔 그 교수님의 강의 요지는 학생들에게 편한 길만
찾지 말고 도전하라는 것이었는데, 물론 맞는 말씀이지만 약간의

아쉬움이 남았다. 얼마 전 "청년들이 공무원처럼 안정적인 직장만 찾을 게 아니라 도전하라"라고 쓴 어느 고위 공직자의 신문 칼럼이 떠올랐기 때문이다.

그러나 내가 아는 한 요즘의 젊은 세대는 편한 길만 찾은 적도 없고 도전 정신이 부족한 것도 아니다. 편한 길만 찾는 A라는 젊은 이, 도전 정신이 부족한 B라는 젊은이가 있을 뿐이고 그건 어느 시대나 마찬가지다. 나름대로 치열하게 살아가는 청년들에게, 편한 직장에서 별로 험한 일에 도전한 것처럼 보이지 않는 분들이 그런 이야기를 하는 것은 감흥을 일으키기 어려울 것이다.

대신 『노인과 바다』는 청년보다 오히려 노인들, 혹은 노년을 앞 둔 이들에게 더 의미 있는 메시지를 전할 수 있다. 나 역시 10대 때 못 느꼈던 감흥을 최근 두 번째 독서에서 느꼈다. 소설을 읽은 후 우리는 스스로에게 이런 질문을 던질 수 있다. 노년에도 여전히 도 전할 수 있을까? 혹은 이제라도 도전해야 할까?

소설의 배경은 바다이고, 주인공은 산티아고라는 노인이며, 그 리고 그의 곁에 한 청년이 있다. 평생을 바다에서 지낸 노인은 이제 지칠 때가 되었지만 대어를 낚을 꿈을 버리지 않고 계속 도전하며 자신이 살아 있음을 증명하려 한다. 『노인과 바다』의 명문장 몇 개 를 헤밍웨이의 원문과 함께 음미해보자.[16]

파괴됨과 패배의 차이

인간은 패배하도록 만들어지지 않았다. 그는 파괴될 수는 있어도 패배할 수 없다.

But man is not made for defeat. A man can be destroyed but not defeated.

이 문장은 작가가 이야기에 직접 개입해서 언급한 말이다. '파괴됨 destroyed'과 '패배함 defeated'의 차이는 무엇일까? 노인 산티아고는 결국 대어를 온전히 배에 싣고 돌아오지 못했고 육체적으로도 정신적으로도 파괴되었다. 그러나 그의 인생은 패배하지 않았다. 이것이 헤밍웨이가 하고 싶었던 이야기다.

작가가 생각하는 삶에서의 패배란, 특정한 사건의 결과가 아니라 '인간의 태도'에 기인한다. 조금 철학적으로 말하자면 희망과 도전 또는 생성과 진화의 자세를 버릴 때 비로소 그는 패배한다.

'파괴됨'은 표현이 좀 과격하지만 50대라면 누구나 파괴된 정도의 차이가 있을 뿐 그런 경험을 해보았을 것이다. 자신이 파괴되었던 이유가 어떤 치명적인 사건일 수도 있고, 좋지 않은 상황이 오래가면서 조금씩 상처가 깊어진 결과일 수도 있다. 다음은 그런 상황 속에서 읊조린 노인 산티아고의 독백이다.

희망을 버리는 건 어리석어. 그건 죄야.

It's silly not to hope. It's a sin.

물고기와 사투를 벌이면서도 그는 쉽게 포기하려 하지 않는다. 그가 말한 죄란, 아마도 주어진 삶을 방치하는 태도일 것이다. 희망 없이 살아가는 게 범죄는 아니지만 이 말에 헤밍웨이가 생각하는 '삶이란 무엇인가'에 대한 해답(삶이란 희망을 버리지 않고 살아가는 것, 희망이 없다면 그것은 죽음)이 제시되어 있다. 그렇다면 그 희망이란 건 어떻게 상상하면 될까? 아무것이나 바라고 꿈꿔도 되는 것일까?

가지지 못한 것을 생각할 시간이 없어. 있는 것을 가지고 무엇을 할 수 있을지 생각해.

Now is no time to think of what you do not have. Think of what you can do with what there is.

희망이란 아무렇게나 상상하는 것이 아니라 '지금 가지고 있는 것'을 토대로 꿈꾸는 일이다. 우리가 어린이거나 10대 혹은 20대 라면 그 상상이 좀 더 자유로울 수 있지만, 50대라면 이 산티아고 의 독백을 잘 음미할 줄 알아야 한다. 50대는 '이전에 다른 길을 갔었어야 했다.' '그때 그런 선택을 했었어야 했다.' 같은 후회를 할 시간이 없다.

산티아고가 삶에서 패배하지 않았다는 것은 단지 소설 속의 이야기가 아니라 지금 우리 현실의 이야기이기도 하다. 파괴되는 상황에서도 그렇게 생각할 수 있는 것은 철학적 사유에서 비롯된다. 파괴는 객관적인 상황이지만 헤밍웨이의 언어에서 '패배'는 어떤 상황에 인간이 주관적으로 이름을 붙인 것이다. 그러니 삶에서 종국의 패배란 '희망을 버리는 것'이라고 여기는 사람이 희망을 버리지 않고 거기에 더해 노력하고 있다면, 어떤 상황에 처해도 패배자가 되지 않는다.

50대에 새로운 인생을 출발한다면 먼저 적어보자. 지금 내가 무엇을 가지고 있는지. 그리고 가지고 있지 않은 것에 대해 오래 생각하지 말자. 내가 가지고 있는 것으로 지금 당장 무엇을 할 수 있을지 적어보자. 그것이 인생 2모작의 출발이다.

실패의 연주

나는 재즈를 들으며 책을 읽는 걸 좋아한다. 발라드 가요나 감미로운 팝송은 잔잔하지만 가사가 신경 쓰여서 독서에 방해가 되는 편이고 클래식은 곡에 따라 가끔 졸리기도 한다. 그에 비해 재즈는 차분하면서도 생동감이 느껴지는 묘한 매력이 있어서 내게는 독서에 집중하는 데 도움이 되는 것 같다.

재즈는 20세기 초 미국 남부 뉴올리언스에서 흑인들에 의해 시작된 음악이다. 백인의 노예로 대륙을 밟았던 그들의 음악은 혼돈, 파격, 당김음, 불협화음, 즉흥연주 등을 특징으로 한다. '불협이지만 하나의 화음이 되는 음악'이라고 정의 내리는 이가 있듯이, 재즈는 불협화음을 화성의 기본 요소로 가지고 있다. 재즈 연주 중에 관객들은 다른 장르와 달리 아무 때나 휘파람을 불거나 소리를 지르고 박수를 치기도 하는데 그마저도 재즈의 일부다. 심지어 재즈 연주자들은 정해진 악보 없이 (혹은 벗어나서) 즉흥적인 애드리브에 의존하기도 한다.

『실패의 미덕』[17]이라는 책에서 저자 샤를 페팽Charles Pe'pin은 실패에 대해 이야기하는 가운데 재즈 연주자 마일스 데이비스의 음악을 언급한다. 이 책의 프랑스어 원제인 'Les vertus de l'echec'에서 'echec'는 체스에서 왕이 궁지에 몰린 상황으로, 다시 말해 궁지에 몰렸을 때 갖추어야 할 미덕이라는 의미다. 저자는 실패로 힘겨워하는 이들에게, 재즈 연주자처럼 불협화음이 만들어지더라도 그 자체를 하나의 음악으로 끌고 가는 능력을 갖추어야 한다고 조언한다.

10대나 20대 때는 정교한 클래식 연주자와 같은 미래를 꿈꾸었다 하더라도, 인생을 더 살아본 50대는 재즈 연주자가 되어야 한다. 50대는 인생이 정해진 길대로 아름다운 선율을 유지하면서 흘러가지 않는다는 것을 알게 되는 나이다. 우리는 예상하지 못했던 음으로 불협화음을 일으켰던 수많은 기억을 가지고 있다. 클래식 연주자처럼 그 기억에만 매몰되어 후회와 좌절을 반복한다면 우리의 삶은 '후회의 길'에서 벗어날 수 없을 것이다. 우리의 삶이 쓰레기통에 버려질 음악이 아니라 멋진 재즈 음악으로 완성되기 위해서는 연주자, 즉 우리 스스로의 태도를 돌아볼 때다.

앞서 이야기했듯이 과거를 잊자는 말은 좋지 않다. 잊으려고 한다고 잊히지 않고, 또한 그 자세는 자신의 삶을 부정하는 모습이기 때문이다. 우리가 새로 태어난다는 것은 과거를 잊고 새 출발을 하는 것이 아니라 '과거를 재료로 삼아' 새로운 길로 나아감을 의미한다.

지나온 50년 세월 속 그 어떤 것도 바꿀 능력이 우리에게는 없지만 앞으로 어떻게 생각하고 살아가느냐에 따라 우리의 인생은 계속 아름다워질 것이다. 헤밍웨이의 소설을 읽었다면 '실패'라는 말을 함부로 사용하지 말자. 실패는 오직 희망을 잃은 사람에게만 적용되는 언어로, 우리는 실패가 아니라 상처를 입었을 뿐이다. 그 상처의 경험 또한 우리의 소중한 자원이다. 그것이 있어야 다음 화음을 연주해 하나의 완결된 재즈를 만들 수 있으니 말이다.

4장

이제라도 변화를 꿈꾼다면

언제부터 늙었을까

논리학 : 역설

광석 형과 노부부 이야기

성년을 자축하는 모임에서 각자 한마디씩 할 때 한 친구가 이런 말을 했다. "20세가 되도록 아직 진실한 사랑이라는 걸 해보지 못해서 후회한다." 하도 진지한 표정을 짓고 말해서 나까지 10대를 잘못 살았나 하는 느낌을 받았다. '그동안 나는 무얼 한 걸까?'라는 생각과 함께 20세의 후회 목록에 하나가 추가되었다.

20대의 어느 날, 라디오에서 DJ 이종환이 김광석을 전화로 연결했다. "소극장 콘서트 1,000회를 돌파했다고요? 축하합니다.

오십이 앞으로 어떻게 살 거냐고 물었다

너무 바쁘실 텐데 요즘 어떤 생각을 하면서 지내요?" 나도 그의 1,000회 콘서트 중에서 한 차례 그곳에 있었다. 김광석은 특유의 낮고 갈라지는 목소리로 답했다. "나이 먹어가는 것에 대해 생각합니다." 당시 가요계의 대장으로 불렸던 DJ가 핀잔을 주었다. "아직 새파랗게 젊은 사람이 나이 먹는 이야기를 해요?" 뒤의 이야기를 듣는데 때마침 버스에서 내려야 해서 김광석의 '나이 먹음에 대한 이야기'는 더 듣지 못했다.

그로부터 몇 달 지나지 않아 그는 뒷이야기의 궁금증을 남기고 세상을 떠났다. 그의 안타까운 소식을 듣고 한 달 내내 흐린 가을 하늘처럼 우울했다. 20대 후반부터 노래 부를 일이 있으면 줄곧 〈서른 즈음에〉를 부르며 매일 또 하루 멀어져갔다. 30대 언저리를 벗어나는 나이에 이르러서야 이 곡에서 벗어날 수 있었다.

김광석이 다시 부른 노래 중에 〈어느 60대 노부부 이야기〉라는 곡이 있다. 블루스 기타리스트인 김목경이 영국 유학 시절 옆집 노부부의 모습을 보고 한국의 부모님을 떠올리며 만들었다고 한다. 김광석은 어느 날 버스에서 이 노래를 듣고는 울었고 이후 자신의 목소리로 다시 부르게 되었다고 한다. 세월이 흐른 요즘 TV 오디션에서 뜬 한 트로트 가수가 이 노래를 부르는 모습을 보았는데, 그 사이 평균 수명이 늘어서인지 '60대 노부부'라는 단어가 제목에 있는 게 어색하게 다가왔다. 80대, 적어도 70대 정도로 제목을 바꾸는 게 좋을 듯싶었다. 아니, 사실은 그 노부부의 연령을 50대인 나와 최대한 멀리 떨어뜨리고 싶었는지도 모른다.

'나는 젊다'는 언제부터 거짓일까

내가 20세에는 평생 올 것 같지 않던 50세라는 나이가 되었을 때 느낀 먹먹함이 하나 있다면 더 이상 푸르다^靑고 불리지 않는 점이다. 그리고 서글픔이 하나 있다면 다시는 그 시절로 돌아갈 수 없다는 현실이었다. 50대인 나도 한때는 분명 젊었다. 우리도 진실한 사랑 한 번 하지 못했다며 지난날을 자책하던 20대 시절이 있었다.

그때 '나는 젊다'라는 명제는 분명 참이었다. 그런데 어느덧 지금 이 명제는 거짓이 되어버렸다. 거짓으로 변해가는 조짐은 조금씩 있었다. 언젠가부터 만 나이로 대답할 때, 노래방에서 더 이상 노래방책의 신곡 페이지를 펼치지 못할 때, 버릇없다는 요즘 청년들에게 폴더 인사를 받을 때, 요즘 대학생의 아빠가 나와 비슷한 연령임을 알게 되었을 때가 그러하다.

그런데 이 명제는 언제부터 거짓이었을까? 21세가 젊으면 22세도 젊고, 30세가 젊으면 31세도 젊다. 그렇다면 40세는 어떠한가?

고전 논리학은 명제를 참 아니면 거짓으로 구분한다. 그러나 현실은 40세의 '나는 젊다'라는 명제처럼 참인지 거짓인지 구분하기 애매한 명제를 피할 수 없다. 그러면 몇 세부터 '나는 젊다'는 거짓이 되는 것일까? 이렇게 한 살씩 더해가면 참으로도 거짓으로도 규정하기 어려운 역설paradox적인 상황이 발생한다.

이 역설은 여러 상황에 적용해볼 수 있다. 한 톨의 모래는 바닷가의 모래사장이 아니다. 두 톨도 아니다. 그러면 얼마나 모여야 모래사장이 될까? 머리카락 한 올이 빠졌다고 대머리는 아니다. 두 올도 아니다. 그러면 얼마나 빠져야 대머리가 되는 걸까?

이 역설적인 상황은 논리학이 오랫동안 풀지 못한 난제로 여겨졌는데, 그건 오랫동안 논리학이 어떠한 명제든 '참 또는 거짓' 둘 중 하나로 답할 것을 요구해왔기 때문이다. 그런 자세로는 세상을 온전히 담아낼 수 없음을 알게 되자 현대논리학은 이런 상황을 해결하기 위한 새로운 틀(퍼지논리학)을 만들어냈다.

'젊음'은 실체가 없는 말이다

옛날 스토아학파Stoicism 사람들은 엄밀함을 추구하는 철학자들답게 아는 것만 대답한다는 원칙을 세웠다고 한다. 스토아 철학자 크리시포스Chrysippos는 참과 거짓을 말할 때는, 비유하자면 말을 몰고 가

다가 낭떠러지에 다다르기 전에 말을 잡아당기는 것처럼 해야 한다고 충고했다. 이를테면 그들은 '40세는 젊다'라는 명제처럼 명확한 기준이 없어 참과 거짓을 판단하기 어려운 경우에는 답을 하느니 차라리 침묵해버렸다. 그들은 선명한 판단과 의심할 여지가 없는 말을 원했다. 도처에 아는 척하는 이들로 둘러싸인 요즘에는 괜찮은 자세라고 볼 수 있겠지만, 그 결과 그들은 여러 질문에 침묵해야 하는 우스꽝스러운 상황을 맞닥뜨려야 했다.

우리가 참과 거짓이라는 '선명함'에 집착하면 살아가기 힘든 까닭이 이 때문이다. 색종이의 선명한 색깔을 보고 세상에서 그것과 똑같은 색을 찾으려 하면 보이지 않는다. 전라남도 구례에 있는 화엄사의 각황전에서 볼 수 있는 매화는 꽃의 색깔이 진하고 검은 색을 띤다고 해서 흑매화라고 불린다. 직접 가면 검은색인지, 붉은색인지 애매하지만 아름다운 색의 매화를 감상할 수 있다. 우리의 언어도 그렇다. '노르스름하다.' '붉으스레하다.' '파릇하다.' '푸르스름하다.' '까무잡잡하다.' '거무튀튀하다.' 등의 표현을 왜 쓸까? 어릴 때 배웠던 그대로의 색을 발견하기 힘들기 때문이다.

'참과 거짓' '예와 아니오'처럼 둘 중에 하나로만 답하라는 다그침은 일종의 이분법의 폭력이다. 삶에서 중간의 범위를 좀 더 넓히면 좋을 것이다. 노르스름한 것을 두고 '왜 색종이의 노란색이 아니냐'라고 꾸짖는 것은 아무래도 세상을 불편하게 만드는 꾸짖음일 것이다.

우리의 젊음에 대한 판단도 그렇다. 젊고 늙음은 오직 상대적인 기준에서만 확실한 진실이다. 50대는 30대보다는 늙었고, 80대보다는 젊다. 또 사람은 생각하는 동물이므로 생각만 젊다면 노인이 젊다고 주장한다고 해서 그 말이 반드시 거짓인 건 아니다.

그러니 이렇게 생각해버려도 좋다. 50대는 젊다.

새로워지자

주역

변화와 건강이 무슨 관계인가

아버지는 80세가 넘은 연세에 자전거를 타겠다고 하셔서 가족들의 우려를 샀던 일이 있다. 젊은 시절 틈만 나면 낚시를 했던 분인데, 서울 외곽으로 이사 가시더니 날이 좋으면 자전거를 타고 천으로 나가고 싶어 하셨다.

이를 만류한 까닭은 80대가 무언가를 하기에 늦었기 때문이 아니라 육체적인 위험이 따랐기 때문이다. 이 육체적 위험의 문제가 따라오지 않는 한, 우리의 인생길에서 그 어떤 것도 배우기에 늦었다는 말은 성립하지 않는다.

40대와 50대의 가장 큰 차이점은 '이 나이에'라는 말이 등장하기 시작한다는 점이다. 무얼 배우고 싶다는 바람이 없는 건 아닌데 한편에서는 습관적으로 '이 나이에'가 따라 나와서 그 변화를 방해한다.

그리고 젊었을 때 무엇을 해야 했는가에 관한 후회를 주로 이야기한다. 이렇게 50대는 변화를 원하면서도, 변화를 두려워하거나, 귀찮아하거나, 체념하는 둔감함이 공존하는 때다.

그런데 건강이 이러한 변화의 문제와 어떤 관계가 있는지 생각해본 적은 아마 없을 것이다. '건강'의 뜻을 사전에서 찾아보면 몸과 마음이 굳세고 편안하다는 의미다. 병원에서는 특별한 질병이 없는 상태를 건강한 상태로 본다.

그런데 두려움, 귀찮음, 체념과 같은 자세가 우리의 건강과 무슨 관계가 있다는 말인가? 『주역周易』을 통해 건강의 의미를 새로운 관점에서 이해해보자.

자강불식의 의미

사서삼경四書三經(유교의 기본 경전)에서 삼경은 「시경詩經」, 「서경書經」,

「역경易經」으로 『논어』보다 이전에 만들어진 경전들이다. 「역경」은 주나라 때 만들어졌다고 해서 『주역』이라고도 부른다. '역易'은 '변화한다' '새로워진다'라는 의미이니 「역경」은 '변화에 대한 경전'이라고 할 수 있다.

이 변화를 설명하기 위해 『주역』에서는 '괘'라는 이미지들을 만들어냈는데 그 제작 순서를 살펴볼 필요가 있다. 먼저 세상을 관찰한 다음에 양과 음 개념을 떠올린 후 이를 —, -- 라고 표기했다. 이것을 조합해서 만든 괘들(☰, ☱, ☲, ☳)은 태극기에서 익히 보아서 알 것이다.

그리고 이런 것들을 아래층과 위층으로 다시 조합해(그러면 괘마다 6개 층이 만들어진다) 총 64개의 괘를 만들어냈다. 그중에 대표적으로 알려진 2개가 하늘을 상징하는 건괘(☰), 땅을 상징하는 곤괘(☷)다.

이 64개 괘의 모습에 대한 일종의 해설서인 『상전象傳』이 있는데, 이 문헌에서는 건괘와 곤괘에 대한 해설을 이런 식으로 정리해 놓았다.

하늘의 운행運行은 건健(굳세다)이니, 군자는 이를 본받아 끊임없이 스스로 강함彊을 추구한다.
天行健, 君子以自彊不息.

180

땅의 형세가 곤坤(땅)이니, 군자는 이를 본받아서 후덕하게 사물을
포용한다.

地勢坤, 君子以厚德載物.

하늘은 건강하고 땅은 포용성이 있다는 말인데, 사람도 이런 하
늘과 땅의 속성을 본받아야 한다고 권하고 있다. 이처럼 '자강불식
自彊不息(끊임없이 스스로 강해진다)'이라는 고사성어는 하늘을 상징하는
건괘에 대한 해설에서 유래했다. 인간에게 하늘과 땅을 닮으라고
하는 까닭은 세상(우주)이 있고, 인간은 그 속에서 세상에 순응하면
서 살아가는 작은 세상(소우주)이기 때문이다.

자강불식은 끊임없는 변화를 의미하는데, 『주역』에 등장하는
64개 괘의 모습 자체가 음(--)과 양(—)이 다양하게 조합되면서 변
화를 만들어낸다. 만약 자연의 운행에 쉼이 있다면 어떻게 될까? 밤
은 1시간 길어져 제시간에 날이 밝아오지 못하고, 또 대략 12월부
터 불어올 칼바람이 늦어지며, 한편 위에서 아래로 떨어지는 물이
갑자기 멈출 것이다.

그리고 역은 '순환의 구조'이기도 하다. 자연은 끊임없이 변하
지만 다시 처음의 상태로 돌아온다. 낮과 밤은 반복해 순환하고 봄,
여름, 가을, 겨울이 지나면 다시 봄이 찾아온다. 꽃은 피고 지고를
반복한다. 그런데 이 순환의 과정에서 어느 한순간도 정체되는 시

점은 존재하지 않으니 인간이 자연의 일부라면 마땅히 그래야 한다는 논리다.

자강불식에서 '강'은 육체의 근육이나 팔씨름을 잘하는 완력을 의미하지 않는다. '자연'이라는 말의 본래 의미가 '스스로 그러함' '저절로 그러함'이라는 점에서 알 수 있듯이, 하늘의 운행도 '스스로 그러함'을 뜻하며 여기서 이야기하는 굳셈은 그런 인위적 노력이나 단련에 의한 모습이 아니다. 하늘의 운행은 천둥, 번개, 폭풍처럼 인간이 막을 수 없을 정도로 과격한 경우도 있지만, 따스한 봄바람과 같이 한없이 평화롭고 부드러운 경우도 있다.

이처럼 하늘의 건강함은 단순히 힘이 센 것을 의미하는 게 아니다. 강함과 온화함이 반복되듯이 변화하고 순환한다는 데서 의미를 찾을 수 있다.

변화는 살아 있음의 증거

이후의 유학은 하늘과 땅을 보고 발견한 『주역』의 정신을 근간으로 펼쳐졌다고 해도 틀리지 않다. 『중용中庸』에는 '하늘의 운행은 어질다'라는 문구가 나오는데, 북송시대 유학자 정이천程伊川은 이에 대해 이렇게 말했다. "맥박을 짚어보면 그 하늘의 어짊(선함)을 가장 잘 체득할 수 있다. … 병아리를 보면 또한 그 하늘의 어짊을 알 수 있다.”

맥박에서 하늘의 선함을 알 수 있다는 게 무슨 뜻일까? 한의학에서는 피가 통하지 않는 상황을 두고 '불인不仁하다'라고 하며 이는 착하지 않다는 뜻이다. 따라서 우리가 운행에 막힘없는 하늘처럼 건강해진다는 것은 막혀 있는 곳을 뚫어서 원활히 피가 돌아야 함을 의미한다.

요즘 병아리 볼 일이 별로 없으니 대신 갓 태어난 강아지들이 모견의 젖을 열심히 물고 있는 장면을 떠올려보자. 무엇이 느껴지는가? 끊임없는 생명의 힘이 약동하는 것을 느낄 수 있다. 이것이 곧 하늘의 건강함을 구체적으로 보여주는 예시다.

이러한 생명력은 살아 있는 동안 사라지지 않고 유지되어야 하며 인생의 후반기라고 해도 마찬가지로 생명력이 없어져서는 안 된다. 자강불식은 살아 있음의 증거이고 이것의 부재는 곧 죽음을 의미한다.

이렇게 건강의 의미를 확장해 이해할 때 인간이 추구해야 할 최고의 가치는 바로 '건강'이다. 실제로 세계보건기구는 건강을 몸뿐만이 아니라 인간의 마음과 인간관계, 사회로까지 확장해 이해하고 있다.

진정으로 건강한 50대를 바란다면 단순히 건강검진만 받을 게 아니라, 자신에게 변화하려는 자세가 있는지 먼저 확인해야 한다.

일신우일신^{日新又日新}(날마다 새로워지고 또 새로워진다)은 건강한 사람만

이 얻을 수 있는 삶이다.

우리의 인생길에서
그 어떤 것도 배우기에 늦었다는 말은
성립하지 않는다.

이제 계획은 느슨하게 잡자

앙리 베르그송

되어감의 철학

얼마 전 세계문학전집을 출간해온 한 출판사가 시리즈 400권을 돌파하면서 지난 24년간 가장 많이 판매된 책들을 소개했는데, 영예의 1위는 대표적인 성장소설인 제롬 데이비드 샐린저^{Jerome David} ^{Salinger}의 『호밀밭의 파수꾼』이 차지했다. 소설의 기본 줄거리는 고등학교에서 퇴학당한 주인공 콜필드가 부모 몰래 일찍 기숙사에서 나와 귀가 예정일이었던 크리스마스이브까지 5일간 경험한 이야기다.

정신적 혼란으로 횡설수설하는 듯한 행동과 이해되지 않는 독백을 하던 주인공은 결국 병원에 입원해 7~8개월 정도 치료와 요양을 받는다. 그런데 소설의 마지막 대목에서 콜필드는 복학을 앞두고 이런 독백을 한다.

많은 사람, 특히 이 병원에 있는 정신과 전문의가 이번 9월부터 학교에 가게 되면 공부를 열심히 할 것인지를 연신 물어대고 있다. 정말 이보다 더 어리석은 질문이 있을까? 실제로 해보기 전에 무엇을 어떻게 하게 될지 어떻게 알 수 있단 말인가?[18]

'실제로 해보기 전에 어떻게 알 수 있는가?' 이것은 콜필드가 보여준 마지막 심리 상태로, 소설의 주제는 아니지만 작가가 독자에게 강하게 전하고 싶은 메시지라고 할 수 있다. 흔히 보아온 해피엔딩 이야기와 거리가 있다.

콜필드는 퇴학당한 후 정신적으로 문제가 있다고 여겨져 병원으로 옮겨졌다. 그렇다면 소설의 마지막은 삶의 희망과 함께, 이를테면 떠오르는 태양을 바라보면서 앞으로 열심히 살겠다는 다짐으로 끝나야 하지 않겠는가? 50대라면 콜필드와 같은 나이의 자녀를 둔 이들도 있을 텐데, 만약 자녀를 위한 가족의 온갖 노력의 결과물이 이러한 독백이라면 극히 실망스럽지 않을 수 없다.

하지만 철학의 역사를 보면 이 관점은 중요한 삶의 진실을 담고 있다. '되어감의 철학'이라고 말할 수 있는데 '열린 미래'를 상정하고 '지금의 변화'에 주목하는 관점이다. 동양에서 이 철학을 표현하는 데 가장 적합한 단어를 찾자면 '화化'다. 예를 들어 우리가 '문명文明'이라고 하면 단순히 밝음을 의미하지만 '문화文化'라고 하면 되어감의 의미가 들어 있다. '변화' '진화' '개화' 등 '화'가 들어간 단어는 생성의 개념을 담고 있는데, 앙리 베르그송은 『창조적 진화』에서 인간의 삶에 대해 이렇게 말했다.

우리는 화가와 같다. 모델과 물감이 결정되어도 화가는 자신이 그린 초상화가 어떻게 나올지 스스로도 알지 못한다. 작품이 어떻게 나올지는 그려보아야 안다. 삶도 마찬가지다. 삶의 순간순간이 창조물이다.[19]

인간이라는 종의 진화에 대해서 베르그송은 '불꽃놀이의 마지막 불꽃이 만들어내는 길'처럼 예측할 수 없다고 설명했는데, 이 관점을 인류를 구성하는 개개인의 삶에도 적용해볼 수 있다. 우리는 인생길을 예측하려고 노력할 뿐이다. 정확히 예측이 가능한 정해진 길이란 없다.

오십이 앞으로 어떻게 살 거냐고 물었다

말이 먼저일까, 생각이 먼저일까

그림만 그런 게 아니라 글도 실제로 쓰기 전에는 알 수 없다. 개요 (플롯)를 확정한 후 글을 쓰는 사람도 있고, 글을 먼저 쓰면서 개요를 완성하는 사람도 있다. 전자는 연역적인, 후자는 귀납적인 글쓰기라 할 수 있는데 나는 후자에 가깝다. 이 책도 쓰기 전에 전반적인 콘텐츠를 대략적으로 구성했지만 각 챕터별로 어떤 내용을 쓸지는 정하지 못했다.

논술 시험을 치르는 학생들은 주어진 시간 안에 주제에 맞는 글을 완성해야 하므로 개요를 머릿속에서 먼저 잡은 다음에 그에 맞추어 글을 써야 한다. 글을 쓰는 동안 떠오르는 생각을 추가로 담아내겠지만, 최대한 글이 개요에서 벗어나지 않는 연역의 결과가 되도록 노력해야 할 것이다. 그래야 주어진 시간 안에 어느 정도 완성된 글을 써낼 수 있다.

하지만 제한 시간을 정해놓은 시험장에서 쓰는 글이 아닌 대부분의 글은 머릿속에서 개요를 완성한 후 쓸 수 없다. 일단 첫 문장을 쓰는 데서 출발한다. 미리 생각한 내용을 쓰기 시작하지만, 쓰면서도 계속 새로운 생각은 떠오른다. 그러니 그 새로운 생각을 쓰기 전에 어떻게 예측할 수 있겠는가? 콜필드의 독백을 응용해보자면, '써보기 전에 어떻게 알 수 있단 말인가?'라는 표현이 된다.

그런데 대부분의 사람은 머릿속에서 완결한 생각을 글로 옮겨 적는다고 생각한다. 생각이 먼저고 글은 단지 생각을 정확히 담아내기 위한 글솜씨나 표현력의 결과물이라고 생각한다. 하지만 이러한 착각은 언어에는 생각을 만들어내는 '생성의 기능'이 있다는 사실을 모르기 때문에 일어난다. 언어는 단순히 생각을 담는 그릇이 아니다.

예를 들어 낙조가 비추는 잔잔한 강물을 바라보고 있다고 가정하자. 평화롭다는 생각이 들 것이다. 하지만 '평화'라는 언어를 배우지 않았다면 우리는 결코 강가의 '평화로움'에 대해 생각할 수 없다. 왜냐하면 우리는 언어를 바탕으로 생각하기 때문이다. 따라서 우리가 글을 쓸 때 어떤 어휘를 선택해 쓰느냐에 따라 생각의 방향도 글의 방향도 조금씩 바뀐다. 때로는 전혀 예상하지 못한 글을 쓰기도 한다.

한 편의 글도 그러한데 한 사람의 삶도 그렇지 않을까?

계획한 삶보다 검토하는 삶

나는 성공했다는 사람들의 강연(비슷하게는 자서전)을 보러 가는 것을 그다지 좋아하지 않는다. 그들의 성공을 시샘해서가 아니다. 연

단에 선 강사 혹은 작가가 스스로 과거를 돌아보고 그 회고를 이야기로 풀어가는 순간 의도하지 않게 하나의 완결된 이야기를 지향하게 되기 때문이다.

지나간 과거를 설명되고 납득되는 이야기로 만들다 보면, 연사가 아무리 진솔하게 이야기한다고 해도 다소의 왜곡을 피할 수 없다. 듣는 입장에서는 그가 마치 꿈을 향해 계획한 삶을 하나하나 이루어간 것 같은 느낌을 받고, '나도 저렇게 살아야지' 하는 다짐을 한다. 하지만 내가 50년을 살면서 경험한 바에 따르면 실제 인생은 그렇게 계획대로 이루어지지 않는다.

그런 강연을 들은 후 계획한 삶을 살기 위해 책상 앞에 앉았다고 가정해보자. 10년 후 달성할 수 있는 자신의 목표를 세우고, 그것을 위해 연 단위 계획을 세우고, 올해의 계획을 세우고, 또 이달의 계획을 세우면 오늘 무엇을 해야 하는지가 보인다. 이 전형적인 계획의 구조는 잘못되지 않았다.

하지만 50대는 이런 전형적인 계획 구조는 실현 가능성을 절반만 담고 있고 실제 살아보면 예측하지 못한 많은 요소가 숨어 있다는 것을 깨달을 나이다. 그냥 40대에 50대의 삶을 계획했던 10년 전의 시점을 떠올려보면 알 수 있다.

우리는 어릴 때부터 지금으로부터 10년 후에는 무엇을 해야 하는지와 같은, 연역적 결론과 전략을 짜는 훈련을 해왔다. 그렇게 삶을 수학적으로 짜 맞추려고 하면 머릿속은 잠시 개운하지만 결과적으로 스스로를 속이게 된다.

이제 삶에서 개요를 좀 느슨히 짜고 '살아봐야 알 수 있는' 귀납과 우연의 비중을 높이면 어떨까? 기대하지 않았던 것이 찾아오는 경험을 쌓으면 어떨까? 이것이 우리가 점차 알아가고 있는 삶의 진실에 가까워지는 사고와 행동 방식이 아닐까?

나는 계획이 있는 삶보다 오히려 그날, 혹은 전날을 돌아보는 '검토하는 삶'을 추천한다. 소크라테스는 이렇게 말했다.

검토하지 않는 삶은 살 가치가 없다.

화가가 그림의 완성된 모습을 미리 알 수 없듯이, 작가가 이야기 속 주인공의 결말을 미리 알 수 없듯이, 우리의 10년 후도 그렇다.

10년 후의 내 모습이 오늘의 나를 너무 괴롭히지 않도록 하자. 이제 계획은 큰 그림만 대략적으로 잡고, 나머지 우연의 요소들이 나를 기다리고 있다는 점을 받아들이며 미래를 늘 열어놓자. 대신 소크라테스가 되어서 매일매일 검토하는 하루를 살자. 검토되지 않는 삶은 무가치한 삶이니까 말이다.

오십이 앞으로 어떻게 살 거냐고 물었다

앙리 베르그송(1859~1941)

노벨 문학상을 수상한 철학자답게 그의 글은 화려한 비유로 넘친다. "진화는 불꽃놀이의 마지막 불꽃이 만들어내는 길처럼 예측할 수 없다." "생명은 대포에서 나와서 파열되는 포탄과 같다." "생명은 하나의 중심에서부터 퍼져가는 거대한 파도다." 이 문장들의 요지는 생명과 진화의 길은 창조적이라는 것이다. 또 그는 "우주는 한 번도 완성체였던 적이 없다. 영원히 만들어져가는 현재진행형이다"라고 했다.

- 진화의 방향은 예측할 수 없다. 그래서 창조적이다. 우리의 삶도 그렇다.

10년 후의 내 모습이
오늘의 나를
너무 괴롭히지 않도록 하자.

아직 늦지 않았음을

프리드리히 니체

자유를 꿈꾸었던 작가

그리스 여행을 떠나기 전 아테네와 산토리니섬 여행 일정을 잡은 후 마지막에 크레타섬 여행 일정을 끼워 넣을지 말지 고민했었다. 고민 끝에 크레타행 배에 오른 까닭은 크노소스^{Cnossos} 문명의 흔적을 느껴보고 싶다는 마음도 있었지만, 그보다 크레타가 낳은 작가 니코스 카잔차키스^{Nikos Kazantzakis}의 소설『그리스인 조르바』[20]의 배경을 눈으로 보고 싶었기 때문이었다.

카잔차키스의 묘에 우리 일행 이외에 다른 여행자는 없었고 비석 앞에는 누군가가 놓고 간 꽃이 있었다. 묘비에는 유명한 글귀 "나는 아무것도 바라지 않는다. 나는 아무것도 두려워하지 않는다. 나는 자유다"라는 문구가 적혀 있었다. 그리고 감상하고 싶었던 크레타섬의 눈부신 바다는 기대를 저버리지 않았다.

나는 그리스에서 돌아와서야 이 소설을 펼쳤다. 소설에는 크레타섬 여행에서 느꼈던 분위기와 정서가 아름답게 담겨 있었고 자연스레 이 소설은 나의 최애 도서목록에 들어갔다. 책 때문에 여행을 떠나고 여행 때문에 책의 감동이 더해진다니, 독서인에게 여행의 이유는 이런 것이 아닐까?

소설에는 작가가 본인을 투영한 것으로 보이는 '나'가 등장한다. '나'가 크레타로 가는 배를 기다리다가 60대의 조르바를 만나는 것에서 이야기가 시작된다. 그와 함께 시간을 보내면서 '나'는 이런 독백을 한다.

나는 내 인생을 돌아보았다. 미적지근하고 모순과 주저로 점철된 반생이었다.

소설에서 인생의 절반 정도 살았다고 여기는 '나'를 돌아보게 만든 조르바는 어떤 모습이었을까? '나'를 돌아보게 만들었으니, 조르바는 미적지근하지 않고(다시 말해 열정이 있고), 모순되지 않고(다

오십이 앞으로 어떻게 살 거냐고 물었다

시 말해 일관성이 있고), 주저하지 않는(다시 말해 추진력이 있는) 삶을 살았다고 볼 수 있다. 그런데 이 조르바는 실존 인물이다. 카잔차키스는 자서전에서 이렇게 회고했다.

> 내 삶을 풍부하게 해준 것은 여행과 꿈이었다. 내 영혼에 깊은 골을 남긴 사람이 누구누구냐고 묻는다면 나는 이렇게 꼽을 것이다. 호메로스, 베르그송, 니체, 조르바…[21]

책을 읽는 내내 나는 조르바가 니체의 '초인'을 형상화한 듯한 느낌을 받았는데, 그 궁금증이 풀리는 순간이었다.

나를 극복한다는 것의 의미

한편 57년을 살았던 니체가 40세쯤 되어 썼던 책인 『차라투스트라는 이렇게 말했다』의 주제라고 할 만한 핵심 문장은 이렇다.

> 인간은 극복되어야 할 그 무엇이다.[22]

짧은 문장이고 '인간' '극복' '무엇(존재)' 3개 단어밖에 없으니

천천히 문장을 한번 음미해보자. 스스로를 막고 있는 무언가를 넘어서야 한다는 말이다. 그래서 니체의 책에 등장하는 '초인'은 슈퍼맨과 같이 초능력을 가진 사람이 아니라, '무언가를 넘어선(초월한) 사람'을 의미한다. 그러면 우리를 막고 있는 건 무엇인가? 우리는 무얼 넘어야 하는가?

조르바는 우리 사회가 가지는 성공의 관점에서 볼 때 패배자에 가까운 인물이다. 일정한 직업도, 사회적 위치도, 부유함도, 가족도 없다. 하지만 카잔차키스는 조르바를 호메로스, 니체, 베르그송과 같은 반열에 놓고 소설을 썼으며, 그 소설 속의 '나'는 조르바의 모습을 보며 머리와 펜대만 굴리며 살아가는 자신의 모습을 넘어서기 위해 노력한다.

니체의 철학에 따르면, 조르바는 충만한 '생명의 에너지를 발휘하려는 의지(힘에의 의지)'로 초인의 모습을 구현하고 있다. 조르바는 '자신이 쏟으려는 에너지를 가로막는 벽'을 넘어서고(극복하고) 있다.

니체가 스스로를 극복한 초인의 모습이라고 서술한 두 존재를 알아보자. 하나는 그리스신화에 등장하는 축제의 신인 디오니소스Dionysos다. 이성의 신인 아폴론Apollon과 대비되면서 방탕한 느낌을 주는 디오니소스를 철학의 중심으로 끌고 온 사람이 니체다.

그리고 다른 하나는 어린아이다. 초인이라고 하기에 어린아이는 너무 상반된 이미지가 아닐 수 없다. 하지만 니체는 동물의 왕 사자보다 더 높은 지위를 아이에게 부여했다. 왜냐하면 아이는 비록 대책 없이 무질서하지만, '생명의 에너지를 발휘하고자 하는 의지'로 충만하고 그것을 방해하는 모든 것을 넘어섰기 때문이다.

그런 방해물을 넘어서려면 '지금'을 사랑해야 한다. 알다시피 어린아이에게는 어제와 내일이 없고 지금만 있다. 그런 면에서 60대의 조르바는 니체가 칭송하는 어린아이와 다를 바 없다. 나는 이 '지금의 철학'을 다음 조르바의 자문자답보다 더 생생하게 표현한 대화는 없다고 생각한다.

내게 중요한 것은 오늘, 이 순간에 일어나는 일입니다. 나는 자신에게 묻지요. '조르바, 지금 이 순간에 자네 뭐 하는가?' '잠자고 있네.' '그럼 잘 자게.' '조르바, 지금 이 순간에 자네 뭐 하는가?' '일하고 있네.' '잘해보게.' '조르바, 지금 이 순간에 자네 뭐 하는가?' '여자에게 키스하고 있네.' '조르바, 잘해보게. 키스할 동안 딴 일은 잊어버리게. 이 세상에는 아무것도 없네. 자네와 그 여자 밖에는.'

조르바처럼 생명의 에너지를 발산하려는 의지로 충만하면, 과거와 미래가 아닌 지금을 살아가면, 그런 삶을 방해하는 것들을 넘어서면(극복하면), 결국 우리는 '몸의 재발견'에 이른다. 소설 속의

'나'는 이렇게 말한다.

내 모든 감각을 완벽히 단련함으로써, 또한 온몸도 그렇게 함으로써 몸이 즐기고 몸이 이해하게 하리라… 내 영혼을 육신으로 채우리라. 내 육신을 영혼으로 채우리라.

'나'는 조르바와 크레타에서 야심찬 사업을 펼쳤지만 모든 걸 잃는다. 그럼에도 '나'는 해변에서 조르바와 함께 춤을 추는데(영화에서 이 장면을 보기 바란다), 니체도 이렇게 말했다. "나는 춤을 출 줄 아는 신만을 믿으리라."

어떤 상황이어도 좋다

잘 아는 한 선배는 잘나가는 직장을 그만두고 50세를 맞았다. 본래 하려던 교육사업 쪽 일이 있었고 교재까지 개발해놓은 상태였지만, 처음의 기대와 달리 취직이 되지 않아 낙심하던 차였다. 실업 상태가 길어지자 그가 선택한 일은 음식 배달이었다. 처음에는 집에서 노느니 잠깐 하는 아르바이트로 시작했지만, 어느덧 배달을 자신의 일로 받아들여 열심히 했으며 비교적 안정적인 소득을 얻게 되었다.

오십이 앞으로 어떻게 살 거냐고 물었다

그가 배달을 자신의 일로 받아들였다고 주변에서 생각한 이유는 그가 올린 SNS 글 때문이었다. 예전의 그라면 배달하는 일상을 담은 글을 올리는 것을 부끄럽게 생각할 법도 한데, 그는 3년이 넘는 기간 동안 주행 거리를 기록하면서 페이스북에 매일 배달을 하며 관찰한 동네의 소소한 일상들을 사진으로 담았고, 그와 관련된 짧고 따뜻한 글을 남겼다. 코로나로 배달이 주목을 받자 언론에서 인터뷰도 했고 출판사에서 연락도 왔다.

어느 날 만나게 된 그 선배는 밝은 표정을 보였다. 비록 자신의 일이 꿈꿔온 일은 아니지만, 노력한 만큼 정직한 소득을 얻고 있다며 만족하고 감사하게 생활하는 중이라고 말했다. 그리고 얼마 전 그는 내게 카카오톡으로 유명 교육업체에서 정식으로 강사 계약을 체결한 계약서 사진을 보내주었다. 그에게 배달은 인생의 길 가운데 스쳐 지나가는 일이 되었을지도 모른다. 그러나 그가 그 일을 대하는 태도는 진심이었다. 어떤 상황에서도 우리는 '에너지를 발휘하려는 의지'를 구현할 수 있다.

퇴직한 50대는 이후로 완전히 일을 하지 않을 수도, 그러다 배달을 할 수도, 그러다 운명처럼 퇴직 전에 계획했던 일을 하게 될 수도 있다. 다시 말해 남들이 볼 때 백수로 살 수도, 허접한 일을 할 수도, 성공적인 인생 2막을 살 수도 있다.

하지만 디오니소스와 어린아이를 빌려(서양에서 디오니소스도, 어린아이도 니체 이전에 특별한 철학적 지위를 점했던 적은 없었다) 이야기하는 니체의 철학에서 우리가 어떤 위치에 있는지는 중요하지 않다. 50대는 그리스인 조르바처럼 나이를 떠나 원초적인 생명력을 발휘할 수 있는지, 자신이 그런 의지를 가지고 있는지 돌아보아야 할 시점이다. 아직 늦지 않았다. 우리는 조르바보다 젊다.

프리드리히 니체(1844~1900)

그는 역발상에 능한 사상가였다. 어떤 것을 중심으로 삼아 질서를 잡는 전통의 사유와 달리 그 질서를 흩뜨리는 사유를 했는데, 그 결과 디오니소스, 어린이 등 그간 철학에서 소외받던 이들을 주인공으로 다루었다. 플라톤의 이데아idea가 서양철학을 망친 주범으로 지목하면서, 플라톤이 허접한 모방에 불과하다고 한 현실 세계를 메인 무대로 바꾸었고 신은 죽었다고 선언했다. 그는 '나중에'라는 약속을 싫어한다. 그는 '지금'을 살아가라고 이야기한다.

• 어린아이처럼 생명의 에너지를 발산하며 살아야 한다.

오십이 앞으로 어떻게 살 거냐고 물었다

독서의 이유

⬠

—

어른의 어휘력

일본 소설을 읽다 보면 '기묘^{奇妙}하다(기이하고 묘하다)'라는 표현을 자주 볼 수 있다. 우리말 사전에도 이 단어가 있지만, 확실히 일본 소설에서 더 자주 쓰인다. '기묘하다' 대신에 '이상^{異常}하다'라고 써도 큰 차이는 없을지 모른다. 그런데 '이상하다'는 평소^{平素} 경험한 것과 다르다^異는 좀 더 넓은 의미니까, 기묘는 그 안에 포함되는 특수 상황이라 할 수 있다. 그러니 '이상하다'라는 표현만으로 작가의 의도를 정확히 전달하기 어렵다.

무라카미 하루키도 이 단어를 애용하는데, 『도쿄기담집』 출간 기념 인터뷰에서 이렇게 말했다. "이번에는 '기묘한 이야기'를 써야겠다고 생각했습니다. 기묘, 신기, 불가사의 등을 주제로 해서 이야기를 정리한 다음 글쓰기를 시작하면 자연스레 리듬이 생기고, 그 흐름을 타다 보면 예상하지 못한 이야기들도 툭툭 튀어나오니까요."

'기묘, 신기, 불가사의'에서 느낌이 왔을 테지만 하루키는 이 표현을 인물이 위태로운 상황일 때 사용하지만, 그 상황에서조차 이 표현들을 나쁜 의도로 쓰지 않는다. '묘妙'자는 동아시아의 문헌에서 아주 빼어남을 뜻하고 최상의 경지를 표현할 때 쓴다. 성리학에서 태극太極이나 리理, 노자와 장자의 철학에서 도道와 같은 형이상학의 절대적 존재의 작용을 설명할 때도 이 글자가 보인다. '오묘하고 놀랍다'라고 할 때의 '묘'라고 생각하면 된다.

한동안 하루키의 소설에 빠져 있다가 일상에서 '기묘하다'라는 표현을 활용하는 나를 발견했다. 말이 주는 묘한 정서를 느낄수록 그 언어를 잘 이해하게 된다. 여기서 언어를 이해한다는 뜻은 사실상 언어를 매개로 세상을 이해함을 의미한다. 아는 만큼 보인다고 하지 않는가? 아는 어휘만큼 세상이 보이고 세상을 느낄 수 있다. 그래서 어휘력 습득은 어릴 때만 하는 과제가 아니라 어른도 해야 하는 과제다.

오십이 앞으로 어떻게 살 거냐고 물었다

세상은 참으로 기묘하다. 하지만 기묘하다는 언어를 모르면 기묘한 상황에 대해 결코 그렇게 느끼거나 상상할 수 없다.

언어의 습득으로 세상은 넓어진다

50대는 살아온 햇수만큼의 경험을 쌓았고, 여러 장소(나라)를 다니면서 견문을 넓혀왔고, 그만큼 우리의 세계를 넓혀왔다. 하지만 그런 경험이 '말과 생각'이라는 형태로 '언어화'하지 않으면 그 넓어진 세계는 실질적인 것이 아닐 확률이 높다.

우리가 늘 강아지를 데리고 돌아다녔다고 할 때, 그 강아지는 세상의 많은 것을 경험했겠지만, 목줄에 묶여 길어야 3m 반경에서 평생을 보내온 강아지보다 현명하게 세상을 살아갈 것이라고 보장할 수 없다. 그 이유는 강아지는 인간처럼 자신의 경험을 언어화해서 표현할 줄 모르기 때문이다.

어휘력이란 단지 어릴 때 국어 시험을 잘 보기 위해 필요한 요소가 아니라 평생에 걸쳐서 그 사람의 지적 확장성과 경험의 활용성 여부를 결정지을 만큼 중요한 요소다. 그리고 어휘력을 얻는 출발점은 당연히 누군가 쓴 글을 읽는 것이다. 작가의 언어를 느끼고 그 언어를 활용하는 습관도 필요하다.

철학자의 책을 읽는다면 철학자가 사용하는 '개념어(플라톤의 이데아, 니체의 초인, 스피노자의 코나투스 등)'를 읽을 수 있다. 사실 누군가의 철학을 공부한다는 건 그런 개념어를 이해한다는 말과 같다.

나는 대학원에서 철학, 그중에서 동양철학, 그중에서 조선 성리학을 전공했다. 성리학이 이전 유학과 다른 점은 궁극적인 진리를 상징하는 태극, 그것이 세상의 이치로 내재화한 리, 그것이 인간의 마음에 본성으로 내재화한 성^性, 경험할 수 있는 현상 세계를 추상화해서 표현하는 기^氣 등을 주요 개념어로 활용한다는 점이다.

그러다 보니 나는 세상을 바라보고 해석할 때 이 개념어들을 활용할 때가 있다. 다시 말해 철학을 공부한 효과란 세상을 바라보고 해석하는 새로운 도구, 혹은 틀을 가지게 된다는 걸 의미한다. 서점에서 독자들이 철학 교양서를 찾는 이유도 막연하게 생각하면 지적인 호기심을 충족하기 위해서지만, 구체적으로 말하면 철학자들이 쓰는 개념어와 그것으로 창조한 사고의 틀을 머릿속에서 느끼기 위해서다. 사실 철학책만 그런 게 아니라 모든 책이 그러하다. 궁극적으로 독서란 어휘를 통해 작가의 세계를 내 세계의 일부로 만드는 일이다.

예전에 모 대학 철학과 교수를 특강에 초빙한 적이 있는데, 그는 학생들에게 이런 이야기를 했다. "아르바이트 월급을 모아서 방학 때 해외여행을 가는 것보다 그 돈으로 읽고 싶은 책을 몽땅 사버

려라." 책을 미리 사서 쟁여놓는 성격이 아니어서 나와 맞는 방식은 아니다. 또 학기 중에 교재 구매조차도 꺼리는 학생들은 이 말에 하품을 할지도 모른다. 그러나 이 발상은 경제적으로 아주 탁월하다. 모 출판사의 세계문학전집 전체를 구매하는 비용은 일주일 여행 경비보다 저렴하니 말이다.

유튜브가 해줄 수 없는 것

아침에 집에서 나와 엘리베이터에 타는 순간 기계적으로 이어폰을 귀에 꽂고 유튜브 채널을 청취하기 시작한다. 지하철 안에서는 책을 꺼내 읽는다. 그리고 버스로 갈아탄 후에는 다시 유튜브 채널을 시청한다. 퇴근 후 집으로 올 때는 아침의 반대 순서로 움직인다.

대체로 나와 같은 움직임으로 출근하겠지만, 다른 점이 있다면 책을 꺼내 들고 있는 모습이다. 내가 앉은 좌석에서 주변을 둘러보면 책을 읽는 사람이 1명 정도 더 보일까 말까다. 유튜브가 없던 시절에는 꼭 책이 아니더라도 종이로 된 무언가를 읽고 있는 사람이 많았는데 몇 년 사이 지하철의 풍경은 완전히 바뀌었다.

책이 아무리 이미지를 많이 활용한다고 해도 유튜브 콘텐츠의 생생함을 따라잡을 수는 없다. 얼마 전에 야심 차게 캠핑용 텐트를 구매했다. 텐트를 치려고 설명서를 읽었는데 캠핑 초보자라면 이해하기 어려울 것 같았다. 해당 텐트를 치는 과정을 유튜브에서 음성으로 검색하니 이미 여러 유튜버의 영상들이 있었다. 내가 설명서를 다시 한번 읽어볼 일이 있을까?

이렇게 실용적인 정보 전달의 생생함 측면에서 책은 영상을 이길 수 없다. 그러면 요즘 유행하는 북튜브는 어떨까? 책이 전달하는 콘텐츠를 더 잘 요약하고 생생하게 전해줄 수 있으니 굳이 책을 읽을 필요는 없지 않을까?

내가 지하철에서 출퇴근하면서 10일 동안 1권의 책을 읽었고, 같은 기간 당신은 유튜브에서 책 요약 클립 10개를 청취했다고 하자. 누가 더 잘한 것인가? 무엇이 절대적으로 옳지는 않다. 콘텐츠를 얻는 방식의 차이가 있을 뿐이다. 다만 이것도 생각해보자. 회사가 먼 곳에 있는 어떤 사람은 출퇴근 시간을 활용해 매일 1편의 영화를 보았고, 어떤 사람은 매일 영화를 요약해서 소개하는 클립 10개를 시청했다고 하자. 누가 더 잘한 것인가? 물론 누가 더 잘했다 할 수 없다. 하지만 후자는 아마도 그 10편의 영화 중에서 마음에 드는 1편을 처음부터 끝까지 보게 될 것이고, 남이 요약해준 내용과 자신이 직접 본 내용은 분명히 다르다고 이야기할 것이다.

독서도 마찬가지다. 남이 해준 요약으로 얕은 지식을 넓힐 수 있지만 그 책을 스스로 요약하면서 얻게 된 것과 같을 수는 없다.

스스로 요약 과정을 거치지 않았고, 그만큼의 치열함이 생각 속에 형성되지 않았기 때문이다. 남이 정리한 걸 들었든, 스스로 정리한 것이든 어쨌든 머릿속에 들어온 정보를 스스로 요약해야 한다. 지금은 '스스로 요약하지 않으면' 정보의 홍수에 휩쓸려 예측하지 못한 곳으로 떠밀리는 시대다. 남의 콘텐츠가 자기만의 콘텐츠가 된다는 건, 스스로 그 콘텐츠를 언어화할 수 있는가에 달려 있다.

앞으로 그간 관심을 두지 않았던 분야의 도서를 읽어보기를 추천한다. 그리고 개인적으로는 소설에 관심이 없는 사람도 국내 작가의 작품이든 노벨 문학상 수상작가의 작품이든 1년에 1권 정도는 읽어볼 것을 권한다. 아마 작가가 활용하는 다양한 어휘들을 통해 더 넓은 세상을 만날 수 있을 것이다.

5장

노년을 위한 몸의 철학

우아하게 늙어가기

우아함과 화려함의 차이

50대는 건강검진 한 달쯤 전부터 예민해지는 나이다. 그런데 이번 검진 때 예기치 않게 키가 미세하게 줄었다는 걸 알게 되었다. 간호사에게 이유를 물어보니 50대부터 흔히 나타나는 증상이라며 조금씩 작아지는 자신의 부모님 이야기를 들려주었다. 40대가 되면 어찌할 수 없이 늘어나는 뱃살처럼, 50대 이후 허리 근육이 풀리면서 조금씩 등이 굽어지는 어찌할 수 없는 현상이라는 것이다.

굽은 자세는 50대에게만 보이는 현상이 아니다. 지하철, 버스,

공항, 길거리 등 어디를 가도 청소년부터 노인까지 스마트폰을 보느라 웅크린 자세를 취하고 얼굴은 아래를 향해 있다. 디지털 시대의 인류는 땅과 가까워지는 새로운 자세로 진화해가고 있는지도 모른다. 하지만 나는 여전히 자세가 꼿꼿한 70~80대분들을 뵈면 왠지 모르게 그들의 자세를 부러워한다. 몸의 구부정함은 여하튼 우아함과는 거리가 있으니 말이다.

'우아'에서 '우優'는 '우수하다'라고 표현할 때의 뛰어남, 넉넉함을 의미한다. 느리게 걷는 모양새를 형상화한 한자다. 만약 삶이 각박하지 않고 여유가 있으면 급할 이유가 없으니 허겁지겁 정신 사납게 걸을 일도 별로 없을 것이다. 그리고 '아雅'는 맑고 아름다운 모양새를 의미한다. 이 뜻을 헤아려보면 화려함과 우아함의 차이를 이해할 수 있다.

목, 귀, 손가락에 액세서리를 치렁치렁 달고 다니면 금속이나 보석이 번쩍이니 화려하게 보일 수는 있어도 우아해 보이지는 않는다. 옷이든, 자동차든, 가방이든, 큼직한 명품 브랜드의 로고가 박힌 상품을 이용해 자신을 과시하는 모습에서는 때로 경박함을 떠올리기도 한다. 절제는 우아함을 구성하는 중요한 요소이니 말이다.

또 같은 명품을 가졌더라도 그 우아함은 명품을 가진 사람의 '실제 부의 정도에 따라' 달리 평가된다. 연 소득 5,000만 원인 사람이 연 소득 2억 원인 사람과 같은 브랜드를 소유했다고 해서 동일한 우아함을 보이지 않는다. 왜냐하면 우아함이란 그 사람에게서 각박함이 아니라 여유가 느껴져야 하기 때문이다.

대학 때부터 여러 명품을 구매하던 친구가 있었는데 사업이 풀리지 않자 변화를 꾀했다. 그는 짝퉁이나 중고품으로 명품을 대체하는 대신에 브랜드에 집착하지 않고 자기만의 스타일을 구축할 수 있는 저렴한 비용의 상품을 구매했고, 오히려 패션의 완숙미에 도달한 듯한 삶을 살고 있다.

피겨스케이팅을 보면 절제된 움직임, 배경 음악과의 조화 등으로 우아함을 극대화하는 무대를 볼 수 있다. 트리플 악셀을 할 줄 안다고 해서 무대를 준비하는 데 그 기술의 성공 여부에만 집착하면 그 무대는 우아함을 잃게 된다. 나는 김연아와 비슷한 시기에 활동했던 이탈리아의 카롤리나 코스트너Carolina Kostner의 연기를 좋아했다. 그녀는 기술점수의 가점 요인이 부족한데도 자신의 장점을 극대화하는 전략으로 세계선수권 정상에 올랐다. 그녀는 늘 기술점수보다 연기 혹은 예술점수가 높았다.

자세는 인생의 태도를 보여준다

허리를 펴고 걷고, 몸을 웅크리지 않고 스마트폰을 보며, 자기만의 패션을 연출하는 것은 모두 그 사람의 외면에 대한 것들이다. 이 외면에 대한 요소를 좀 더 나열하면 몸짓, 말투, 표정 등도 있다. 이 몸짓, 말투, 표정 등을 인간관계와 연관 지어 이야기할 때 우리는 이 요소들을 '예의범절' 혹은 '매너'라고 이야기한다.

멋있고 우아하게 늙어가기를 꿈꾸는 사람이라면 이렇게 넓은 의미의 외면(순전히 개인적인 것이든 관계적인 것이든)에서 어느 정도 자신만의 스타일을 갖추어나갈 필요가 있다. 인간관계에서 어떤 사람의 내면을 정확하게 파악할 수는 없으니 더더욱 보이는 태도가 중요하다.

어색한 상황을 위트 있게 넘기는 말투(혹은 대화법)는 우리보다 서구에서 좀 더 발달한 것 같다. 나는 아침에 어떤 행사장에서 급히 지나가는 한 외국인과 부딪힌 적이 있는데 그녀는 미안함을 담은 미소를 띠면서 "I'm sorry, I haven't had my coffee yet"이라고 했다. 이는 "죄송합니다. 제가 아직 모닝커피를 마시지 못해서 제정신이 아니에요"라는 뜻이다.

문화의 차이겠지만 우리나라에서 이런 식으로 농담이 섞인 이야기를 했다가는 상대방의 화를 더 키울지도 모른다. 반면 그들의 문화에서는 미안한 마음을 표현하는 방식에 유머가 스며들어 있음을 알 수 있다.

상대방과 대화할 때 우리의 표정과 동작, 그리고 말에서 여유가 느껴지면 좋지 않을까? 요즘 우리 사회의 대화와 표정들을 보면 직선적이고, 강압적이고, 심지어 법적이기까지 하다(내가 마음이 풀리지 않으면 법으로 당신을 괴롭힐 거야). 다시 말해 무례하고, 조롱하고, 위협하는 대화법이 횡행하고 있다. 그런 대화법에서 무슨 우아함이 보이겠는가?

스피노자에 따르면 몸과 정신은 평행해 있다. 따라서 정신만 우아해질 수 없다. 정신과 몸은 '같은 것을 표현하는 두 가지 속성'이어서 정신이 우아하려면 남을 대하는 동작이나 말도 함께 우아해야 한다.

『주역』에 "군자는 경이직내敬以直內, 의이방외義以方外한다"라는 문구가 있다. '공경하는 태도로 내면을 바르게 하고 의로움의 정신으로 외면을 바르게 한다'라는 의미다. 이처럼 '정신→태도'의 방향이 중요한 만큼 '태도→정신'의 방향도 중요하다. 스피노자와 『주역』의 관점에서 볼 때 우리가 외적으로 바른 태도를 가지는 것이 바른 내면을 가지는 것처럼 중요하다.

어느덧 우리는 50대가 되었고 또한 늘 주식이나 부동산에 대해서 이야기하는 사람이 되어버렸다. 또 외모에 대한 관심은 역대급으로 고조되었지만 우아함에 대한 논의나 매너 있는 말과 행동에 대한 논의는 보이지 않는다.

정말 우리가 바라 마지않는 부자가 되면 멋과 여유를 자아내는 우아함이 느껴질까? 먼저 당신이 알고 있는 부자들을 떠올려보고, 그들이 우아한지 그렇지 않은지 판단해보면 어느 정도 답을 얻을 수 있지 않을까?

돈이 있어야 우아해질까

삶에서 우아함이라는 표현은 아무래도 청년보다 중년에게 어울린다. 남들에게 멋있고 여유 있다는 느낌을 주려면 경제적으로 뒷받침되면 좋을 것이다. 그러나 경제적인 수준과 무관하게 각자가 처한 상황에서도 우아함을 만들어낼 수 있다. 그 넉넉함은 어디서 나오는가?

대학생 시절 우리 집은 경제적으로 크게 어려움을 겪던 때가 있었다. 궁색한 집에서 똑같이 궁색한 집으로 이사를 하게 되었는데, 기존의 궁색한 집은 여름에 빗물이 새고 곰팡이가 나서 계속 살수가 없었다. 동네 이삿짐센터에 연락했더니 당일 3명의 인부가 찾아왔다. 인부들과 우리 가족은 호흡이 잘 맞았다. 대략 일을 마친 후 아버지가 인부와 중요한 대화를 시작했다. 아버지가 "얼마를 드리면 됩니까?"라고 묻자 인부는 "어제 아드님에게 이야기했듯이 20만 원 주시면 됩니다"라고 답했다.

아버지는 주머니에서 만 원짜리 현금 뭉치를 꺼내서 "하나, 둘, 셋" 하면서 돈을 세기 시작하셨다. 그런데 20만 원을 넘어서도 계속 세고 계셨다. 몇 초의 그 짧은 순간이 기억난다. "스물 하나, 둘, 셋" 하며 돈을 세는 아버지 옆에 서 있던 인부들과 나의 눈이 아버지의 손을 향했다. 스물일곱에서 움직임을 멈춘 아버지는 돈을 건네면서 말씀하셨다. "선생, 내 손이 잡히는 게 여기까지요."

7만 원은 물론 큰돈은 아니지만 약속된 금액의 1/3 정도 추가된 금액이었다. 그 정도의 돈은 당시 경제적으로 어려웠던 우리 상황에서 작은 금액도 아니었다.

비가 새지 않는 야산 중턱의 무허가 판잣집으로 이사 간 후 나는 작은 마당이 있는 장점을 활용하기 위해 백구 강아지 1마리를 입양했다. 진돗개가 행운을 가져다주었는지 그로부터 1년이 지나지 않아 우리 집은 IMF 이후에 있었던 이른바 '닷컴주식'이 반등할 때 적지 않은 돈을 거머쥘 수 있었다. 그리고 그 돈으로 인근 아파트로 이사하게 되었다.

같은 이삿짐센터에 연락했더니 그때 보았던 인부 중 2명이 보였다. 그들은 내내 "좋은 집으로 이사 가게 되어 저희도 기분이 좋습니다"라고 말했고, 그날의 7만 원에 대해서 이야기를 꺼냈다. 보통은 이사가 끝난 다음에 약간의 수고비를 받기도 하는데 그날은 우리 집의 형편상 추가 금액을 전혀 기대하지 않았다고 했다. 그리고 돌아가는 길에 술집에 들러서 받은 7만 원으로 술과 안주를 더 시키면서 그날 하루 동안 느꼈던 아버지의 넉넉함을 이야기했다는 것이다.

나는 아무리 돈이 없어도 주변을 배려할 수 있다는 사실, 가난한 가운데서도 우아함 비슷한 것을 추구할 수 있다는 사실을 아버지로부터 배웠다. 지금도 인색해지려 할 때, 마음이 각박해지려 할 때 아버지의 손을 떠올린다.

돈이 있든 없든 좀 더 우아해졌으면 좋겠다.

우리의 표정과 동작, 그리고 말에서
여유가 느껴지면 좋지 않을까?

몸에 대한 발상의 전환

바뤼흐 스피노자

건강한 몸에 건강한 정신

예전에는 하루 잠을 제대로 못 자면 피곤함이 하루 정도 가고 끝났었다. 하지만 요즘은 피곤함이 며칠 동안 지속된다. 피곤함은 그렇다 해도 몸이 아프면 그날 하루는 속수무책으로 보낸다. 몸의 어느한 곳 미세한 통증이 느껴지면 종일 신경이 쓰여 아무 일도 하지 못하게 될 때가 있다. 어렸을 때 많이 들었던 '건강한 몸에 건강한 정신이 깃든다'라는 말이 무슨 뜻인지 50대가 된 이제야 몸으로 배워가고 있다.

이렇게 삶에서 겪는 대부분의 일은 정신과 몸이 함께한다. 그런 데도 우리는 정신과 몸을 별개로 구분해 2개의 실체로 생각하는 경향이 있다. 그래서 어떤 사람의 행동이나 신체를 보고 멋있다고 이야기하면, 그 이야기는 정신과 무관한 외적인 상태만 뜻하고는 한다. 또 우리는 몸(신체)과 관련해 건강 상태나 키, 얼굴, 몸매, 근육, 피부 등 외모에 대해 이야기하지 정신은 언급하지 않는다.

그러나 스피노자의 생각을 따르면 정신과 몸은 구분되지만 함께 가는 관계다. 그리고 그에게 정신과 몸은 대등하므로 정신이 몸의 움직임에 앞선다는 전통적인 순서를 흩뜨린다. 그러다 보니 보통 사람들에게 스피노자의 철학은 몸이 먼저라는 인상을 주게 된다. 그는 이렇게 말했다.

인간 정신을 구성하는 관념의 대상은 신체다.

정신세계는 각자의 몸에 대한 것이다

이 말은 우리의 정신이 몸과 관련한다는 사실에서 벗어날 수 없다는 점을 의미한다. 조금 이상할 수도 있다. 정신은 몸과 관련 없이 무한한 상상의 나래를 펼 수 있는 반면, 몸은 아주 제한적인 공간을 벗어날 수 없는데 말이다. 하지만 고통, 쾌락, 사랑, 증오 등의 정서를 생각해보면 정신이 우리의 몸을 벗어날 수 없다는 사실을 알 수 있다. 우리는 정서를 몸으로 체험한다. 우리는 오로지 각자의 몸에 가해지는 경험으로 다양한 정서를 느낀다. 예를 3개 들어보겠다.[23]

무언가를 욕망한다는 건 무엇인가? 새로 출시된 아이폰을 몸(눈)으로 보는 순간 몸은 그 외부의 자극을 얻는다. 그리고 그 자극으로 우리는 어떤 관념을 가진다. 그것은 우리의 욕망을 만들어내고 정신세계를 구성한다.

누군가를 사랑한다는 건 무엇인가? 나의 몸이 누군가를 보고, 누군가의 말을 듣고, 누군가를 만진다. 그러면 내 몸에는 어떤 새로운 변화를 느끼고 그에 대한 어떤 관념을 가지게 된다. 그것은 우리의 사랑을 만들어내고 정신세계를 구성한다.

누군가를 증오하는 건 무엇인가? 나의 몸이 무엇을 보고, 듣고, 당하면 내 몸에 어떤 변화가 생기고 그에 대한 어떤 관념을 가지게 된다. 그와 관련된 정서는 아마도 수치스러움이나 혐오스러움일 것이다.

이렇게 생각해보면 우리의 정신세계는 무한한 영역으로 뻗어나가는 것 같지만, 실상 각자의 몸이라는 한정된 영역에서 자라날 뿐이다. 스피노자는 정신의 역량이 신체의 역량과 어떤 관계가 있는지에 대해서 다음과 같이 말했다.

어떤 신체가 동시에 많은 작용을 하거나 많은 작용을 받는 데 있어서 다른 신체보다 더 유능하면 유능할수록, 그것의 정신도 역시 많은 것을 동시에 지각하는 데 다른 정신보다 더 유능하다.

이제 정신은 몸을 벗어날 수 없다는 스피노자의 관점을 가지고 우리의 몸을 살펴보자. 모두 느끼듯 50대에는 몸이 약해진다. 비슷한 연배의 사람을 만날 때마다 이런 이야기를 한다. 그러나 우리의 몸이 약해진다는 인식만으로는 50대 이후의 삶을 준비하는 데 '철학적으로' 부족하다. 늙으면 몸이 약해진다는 뻔한 사실을 가지고 50년을 더 살아갈 것인가? 우리의 몸에 대해 좀 더 깊이 있게 이해하려면 약해짐이 무엇인지 생각해볼 필요가 있다.

오십이 앞으로 어떻게 살 거냐고 물었다

새로운 근육을 활용하자

적의 등장

'인문학카페'라는 단체에서 여러 강좌를 기획하고 운영했던 때가
있었다. 문학작품을 소재로 철학을 강의하던 분을 초청했던 날이었
는데 앞쪽에 50대 여성분들이 모여 있었다. 강사가 무언가 어려운
개념을 예를 들어 설명하는 상황이었다. 강사는 눈을 껌벅껌벅하더
니 "어느 날 일어나서 눈을 뜨니까 앞이 안 보였죠?"라고 말하니까
50대 여성분들만 박수를 치면서 웃었다. 당시 30대였던 나와 젊은
회원들은 무슨 말인지 알아듣지 못했다. 왜 갑자기 앞이 안 보여?

내가 40대 후반이 되었을 때 눈에 무언가 낀 것처럼 불편한 느낌이 들어 안과에 간 적이 있는데, 의사가 살펴보더니 특별한 문제가 있지는 않고 노안의 초기 증상이라고 했다. '노' 자가 들어간 단어를 처음 들어보아서인지 그 진단은 다소 충격으로 다가왔다.

50대는 가까이 있는 걸 보기 위해 안경을 벗어야 하는 서글픈 나이다. 그렇게 노안은 우리의 '적'으로 다가온다. 그런데 어떤 질병을 진단받으면 통상 의사들은 "잘 관리하세요"라고 하지 '완치'라는 말은 쓰지 않는다. 의사인 친구가 의과대학 시절 내게 이런 말을 한 적이 있다. "무좀이나 비듬같이 하찮아 보이는 증상이 생겨도 평생 관리하는 거지, 완치라는 개념은 없다." 50대는 관리가 필요한 여러 신체의 적들이 등장하는 시기다.

기록의 저하

특별한 적이 없어도 나이가 들면 체력이 저하된다. 나는 최근 몇 년 동안 자전거에 재미를 붙여 중랑천과 한강 변을 따라 퇴근을 할 때가 많았다. 처음에는 자전거의 균형을 잡기도 힘들어서 설렁설렁 가다가 잠수교 언덕 내리막길에서 넘어지기도 했다. 하지만 어느덧 하체의 근육이 강화되고 요령도 습득해서 기록(직장에서 집까지 가는

오십이 앞으로 어떻게 살 거냐고 물었다

데 소요되는 시간)을 점차 단축했다.

그런데 나는 50대가 아닌가? 머지않아 더 이상 기록 갱신이 불가능할 때가 오고 언젠가 내 뒷모습은 가볍게 추월하기 쉬워 보이는 자전거 탄 노인처럼 만만하게 보일 것이다. 그렇게 나는 나이와 더불어 약해지는 걸까?

기록이라는 '수치'에 집착하면 늙는 과정은 약해지는 과정이 분명하다. 스포츠 선수들도 기록의 저하를 막을 수 없으니 말이다. 하지만 기록이 아니라 '경기 운영 능력'으로 승패를 가르는 종목에서 프로 선수들의 기록을 보면 수치의 저하가 반드시 약해지는 걸 의미지는 않는다.

근육의 재발견

야구에서 투수가 30대를 넘기면 당연히 구속이 떨어지게 된다. 그러나 투수가 은퇴할지 말지는 '구속'이라는 수치에 의해 결정되지 않는다. 포수가 요구하는 정확한 지점에 공을 꽂을 수 있는 제구력, 타자와의 수 싸움과 공의 완급조절, 상대 타자의 약점 분석, 새로운 변화구 등을 통해 구속이 빨랐을 때보다 더 좋은 성적으로 시즌을 끝낼 수도 있다. 여기서 새로운 변화구를 자기 것으로 만들려면 그

동안 사용하지 않았던 근육을 활용해야 한다.

미국의 단거리 육상 스타였고 개인적으로 팬이었던 미국의 로린 윌리엄스^{Lauryn Williams}는 은퇴 후 어느 날 봅슬레이 대표선수로 동계올림픽에 나와 세상을 놀라게 했다. 그리고 그녀는 당당히 은메달을 목에 걸었다. 떨어지는 기록에 슬퍼하지 않고 새로운 역량을 키워서 다시 승부의 세계에 나와 젊은이들과 경쟁했던 것이다.

구속이 떨어진 후 재기한 투수와 단거리 육상 선수 출신 봅슬레이 선수의 공통점은 무엇인가? 모두 자신의 근육을 재발견했다는 점이다. 던지지 않던 유형의 변화구를 무기로 삼으려면, 봅슬레이를 타려면 그동안 쓰지 않았던 근육을 써야 한다.

최근 나는 자전거에 이어 캠핑이라는 새로운 취미를 들였다. 몸을 잔뜩 구부려서 망치질을 하고, 발끝을 들고 온몸을 펴서 텐트를 치고, 장작에 불을 지핀다. 그리고 고요한 밤 자연의 소리와 함께 발라드 몇 곡을 들어보니 노래가 달리 들린다. 곡이 바뀐 게 아니라면 내 귀는 새로운 감각을 형성하고 있다. 이렇게 50대는 수치에 집착해 몸의 약해짐을 슬퍼할 게 아니라 자신의 신체를 새롭게 활용해보아야 할 시점이다.

오늘을 완전체로 살아가는 법

우치다 다츠루

적이 없었던 적은 없다

앞에서 이야기한 '적'과 '약함'을 철학적으로 풀어본 이가 있다. 일본의 사상가인 우치다 다츠루^{內田 樹}는 우리를 공격하는 적을 이렇게 정의했다.[24]

적이란 나의 몸과 마음의 기능을 저해하는 모든 것이다.

생각해보자. 신체적으로 그리고 정신적으로 나를 방해하고 괴롭히는 것은 무엇인가? 질병, 과거의 트라우마, 나를 괴롭히는 직장 상사가 떠오른다. 혹은 준비하는 시험, 과거의 실패, 퇴직의 압력 등도 해당될 수 있고, 가난이나 돈일 수도 있으며, 심지어 가족 중 누군가일 수도 있다. 그런데 돌이켜보면 이러한 적들은 태어나서 지금까지 우리의 주변에 언제나 있었다. 다시 말해 우리는 '무적이었던(적이 없었던) 상태'는 한 번도 경험하지 않았다.

태어날 때부터 신체 장애가 있었던 이들은 이 '적'과 '무적'의 개념을 일찍이 생각해보았을 수 있다. 음악 분야에서 보면 시각장애가 있는 피아니스트나 4개의 손가락으로 연주하는 피아니스트도 있다. 이들이 남과의 비교에 집착하고 스스로를 비하하며 세월을 보냈다면 멋진 연주를 해낼 수 없을 것이다. 적을 반드시 제거해야 하는 대상으로 규정하면, 50대 이후의 삶은 적들 속에서 괴로움으로 향하는 길이 될 것이다.

다츠루는 '무적'이라는 개념을 버리자고 이야기한다. 적이 없는 상태를 100점 만점이라고 표현하면 만점인 상태는 현실에서 존재하지 않는다. 그리고 만점이라는 객관적인 기준을 잡을 수도 없다. 누구도 그런 만점 답안지를 가지고 있지 않으므로 채점을 할 수가 없다.

육상 100m 세계기록은 우사인 볼트Usain Bolt가 세운 9.58초다. 9.58초는 그의 만점 답안지지 우리 것이 아니다. 50대인 나에게는 남양주에서 사당동을 자전거로 주행해 기록한 87분 30초가 만점 답안지다. 그러니 각자가 만점이라고 여기는 기록들이 있을 뿐이지, 몇 분 몇 초가 만점이라는 객관적인 답안지가 애초에 없다. 우사인 볼트도 끊임없이 노력해 그 수치에 도달했을 뿐이다.

다츠루는 대학생 시절 무술에 입문했던 당시를 떠올린다. 보통은 '어떻게 나를 강하게 만들 것인가'를 생각하면서 무술에 입문하는데, 워낙 병약했던 그는 '나는 왜 이렇게 약한가'에 대해서 늘 생각했다고 한다. 그리고 그가 40년 이상 무술을 연마하면서 깨달은 것이 있는데, 스스로를 약하다고 생각하는 원인은 신체에 대한 불필요한 정보들 때문이라는 것이다. 그리고 그 불필요한 정보들은 대체로 '수치'로 제시된다.

이제 다츠루의 관점을 우리 현실에 적용해보자. 우리는 어릴 때부터 키에 대한 이야기를 많이 듣는다. 대표적인 것이 평균 신장이라는 수치다. 그 수치에 도달하지 않으면 우리는 스스로 약하다고 생각해 수치를 높이기 위해 여러 노력을 기울인다. 비만이 아닌 사람이 어디서 들은 수치에 집착해 늘 다이어트를 하느라 고생하는 경우도 이와 비슷하다.

나는 앞서 불행의 두 가지 이유를 남과의 비교, 자신의 과거와의 비교라고 제시했다. 다츠루가 언급한 '불필요한 정보'를 다시 생각해보면 이렇다. 우사인 볼트의 9.58초 기록을 100점 만점의 기준으로 규정한다면 나는 달리기 연습을 죽도록 해도 그 기록을 넘어서지 않는 이상 '늘 부족한 사람'의 지위에 있을 수밖에 없다. 과거 시속 150km 이상의 속구를 던졌던 경험을 100점 만점의 기준으로 규정한다면 구속이 떨어지는 투수는 향후 사망할 때까지 열등생이라는 지위에 있을 수밖에 없다. 남양주 직장에서 사당동 집까지 자전거로 87분 30초를 최고 기록으로 보유하고 있는 내가 그 기록을 100점 만점의 기준으로 규정할 경우 이후 나의 기록들은 열등한 기록으로 전락할 수밖에 없다.

새 버전의 몸 사용 설명서를 만들자

다츠루는 약함의 원인에 대해 이렇게 결론 내렸다.

우리는 단련한다, 강화한다는 발상에서 벗어나지 않으면 그 발상 자체가 우리 스스로의 약함을 구조화한다.

그리고 그는 신체를 강화한다는 생각을 버리고 지금까지 알지 못했던 신체의 사용법과 움직임을 발견해 습득하는 길을 제시했다. 그리고 이것을 아이의 언어습득과 관련지어 설명했다.

백지 상태에서 말을 하나씩 배우면서 아이들의 언어 세계가 새롭게 개편되어가는 것처럼 우리의 신체 활용이라는 것도 그렇다는 것이다. 근육 강화가 하드디스크의 용량을 증가하는 것이라면, 신체의 잠재된 능력을 개화하는 것은 OS의 버전을 높이는 것에 해당한다고 말한다. 그렇다면 50대 이후에 신체와 관련해서 나가야 할 방향은, 육체적인 힘의 증가를 꾀하는 것이 아니라 아직 경험하지 못한 육체의 기능과 움직임을 발견하는 일일 것이다.

그리고 스피노자는 '몸과 정신의 평행'을 이야기했으니 이러한 몸의 진화를 정신의 영역으로 확장할 수도 있다. 지금까지 해보지 않았던 사고를 하면서 그동안 방치되어 있었던 생각의 근육을 발견하고 활용하는 것이다. 그러려면 새로운 분야의 책을 읽어야 한다.

우리는 적이 없어지길 소망한다. 질병이 완치되길, 그 인간이 사라지길 기대한다. 또 예전의 신체적 능력이 그대로 유지되길 소망한다. 그러나 그 질병과 그 인간은 쉽게 사라지지 않으며 50대의 신체를 평가하는 '수치'는 하락한다. 적도, 수치의 하락도 있는 그대로 받아들여야 한다. 그들은 나의 삶을 구성하는 일부분일 뿐, 박멸의 대상으로 삼아서는 곤란하다.

당신의 적은 무엇인가? 혹시 당신은 무적의 상태를 희망하면서 지금도 적과 '싸우면서' 매일매일 조금씩 더 나약해지고 있지는 않은가?

오늘 아침이 100점이다

20~30대 초반의 나는 얼굴이 꽤 괜찮았던 것 같다(물론 생각은 자유니까). 그때의 사진을 보고 지금 거울 속의 나를 보면 끔찍해서 하루 동안 되도록 거울을 보지 않으려고 한다. 아마 나와 같은 50대가 적지 않을 것이다. 또 사업이나 투자에 실패한 사람은 과거 자신이 가지고 있었던 부를 생각하면서 지금 자신이 처한 상황을 비하할 것이다.

자기 비하 같은 약해짐은 아주 객관적인 판단으로 이루어지는 것처럼 보이지만 사실 주관의 영역이다. 약해짐은 적 때문이 아니라 그 적을 내가 어떻게 받아들이는가에 따라 이루어진다. 적은 언제나 있어왔고 50대 이후 신체적 적들이 늘어난다고 해도 기본 구도는 바뀌지 않는다. 적의 개념으로 정의해보자면, 우리의 삶이란 나의 심신을 방해하고 저해하는 적들로 둘러싸인 길이다.

그렇다면 인생길의 어떤 지점에 어떤 상황에 처해 있더라도 그 순간이 바로 '온전한 나'임을 받아들여야 한다. 존재하지 않는 100점짜리 나를 상정해놓고 거기서 감점을 해서 자신의 상태에 점수를 매기는 순간 스스로의 약함을 확정 짓게 된다.

굳이 점수화해서 말하자면 오늘 아침 일어나서 현실을 대면하고 있는 순간이 100점이다. 오늘 하루 생활하면서 여러 적들로 인해 약해질 수 있다. 그러나 그다음 날 아침도 우리는 100점에서 하루를 시작해야 한다. 다시 말해 세상에 어떤 일들이 펼쳐지든, 당신의 과거가 어떠했든, 오늘 아침의 당신이 바로 삶의 기준이다.

50대의 신체는 40대의 신체보다 약하다. 그러나 비교의 태도를 버리면 40대의 나든 50대의 나든 그 자체가 하나의 완전체다. 이 관점으로 살아가면 내일 세상을 떠난다고 하더라도 오늘의 나는 여전히 현재진행형의 완성체로 살 수 있다.

인생길의 어떤 지점에
어떤 상황에 처해 있더라도
그 순간이 바로 '온전한 나'임을
받아들여야 한다.

무례하지 않기

공자

내용보다 말투가 중요하다

"전 할 말은 하는 사람이거든요"라는 말을 들으면 나는 불안해진
다. 경험상 '할 말을 하는 사람'이 용감한 사람 혹은 썰렁한 사람이
될 확률은 대략 3:7 정도이기 때문이다. 용감해지려면 통과해야 할
관문이 여러 개가 있는데 다음 상황에서 '할 말'을 하면 분위기가
이상해진다.

- 구성원이 아예 옳다고 여기지 않는 내용일 경우

- 구성원이 옳다고 인정할 내용이라도 때나 장소에 맞지 않는 경우
- 옳다고 인정할 내용이고 상황도 괜찮은데, 어조나 어투가 무례할 경우
- 옳다고 인정할 내용이고 상황도 맞고, 어조나 어투도 적절하지만, 그 사람 자체가 평소 신뢰를 받지 못하는 경우

누군가 고민스러운 표정으로 "저 오늘 할 말 있습니다"라고 말할 때 내가 불안해지는 이유이기도 하다. 분위기가 얼어붙지 않으려면 내용 못지않게 타이밍과 말투가 중요하다. 아니, 내용보다 더 중요하다. 가야 할 때가 언제인지 알고 돌아서는 이의 뒷모습도 아름답지만, 때와 장소에 적절한 말을 적절한 어조와 어투로 하는 사람은 아름답고도 멋있다.

논술이나 토론경진대회 등을 가까이 접한 우리는 어릴 때부터 논리적으로 자신의 생각을 표현하는 것을 매우 중요한 역량으로 교육받았다. 그러나 사회에서 더 중요하다고 여기는 역량은 상대방과 소통의 역량, 즉 '대화법'이다. 그러나 우리는 대화법을 따로 배운 적이 없다. 언어는 대결이 아니라 소통을 위해 존재한다. 소통을 위해서는 상황 판단과 말하는 방식이 논리보다 우선한다는 게 언어의 이치다. 아무리 옳은 말이라도 그 이치를 무시하면 그 상황에서는 이길지 모르지만, 언제고 자신을 괴롭히겠다고 두고두고 벼르는 적

오십이 앞으로 어떻게 살 거냐고 물었다

을 만들어낸다.

희喜(기쁨), 노怒(분노), 애哀(슬픔), 구懼(두려움), 애愛(사랑), 오惡(미움), 욕欲(욕망), 이렇게 동아시아에서는 7가지로 인간의 감정을 구분해왔고 우리는 이 칠정七情을 매일 느끼며 살아간다. 감정에 무슨 죄가 있겠는가? 하지만 이 감정을 표현(표출)하는 방법은 그 사람의 인격을 결정짓는다.

유학은 기쁠 때 기뻐하고 슬플 때 슬퍼하는 자세를 중요하게 여긴다. 좋아할 사람을 마땅히 좋아하고 미워할 사람을 마땅히 미워하는 자세 또한 중요하게 여긴다. 이렇게 감정이 적절하게 작동하는 것을 '중절中節한다'라고 했다. 절도에 맞다는 의미다. 그런 사람이 되기 위해 선비들은 어릴 때부터 마음 공부를 했고 그 공부에는 대화법을 포함한다.

솔직함은 중요하지만 표현할 때 중절해야 한다. 우리가 늘 우리의 감정을 있는 그대로 표출한다면 사람이 견딜 수 없는 세상이 만들어질 것이다.

침묵의 힘

대화법은 스피치 교육과 다르다. 듣는 방법이 절반이기 때문이다.

듣기는 말하기에 비해 애를 쓰지 않아도 되니 아무나 할 수 있다고 생각하지만 경청은 결코 아무나 구사하는 기술이 아니다. 상대방의 말을 끊는 게 습관인 사람, 자신과 다른 의견을 들을 때 뭐 씹는 표정을 짓는 사람, 줌^{Zoom} 세미나에 참석할 때 어떻게든 얼굴을 숨기려는 사람들을 보면 알 수 있다.

말수가 적은 사람에 대한 오해도 걷어야 한다. 할 말이 아예 없는 사람은 없다. 말이 적은 성격일 뿐이지 누구나 끝없이 이야기하고 싶은 무언가를 가슴속에 안고 살아간다. 그러니 이야기를 꺼낼 수 있는 분위기를 조성하고 말할 수 있도록 격려할 필요가 있다.

훌륭한 말을 전한다고 해도 대화를 독점하는 사람은 시간이 지날수록 말의 무게와 인품까지 떨어진다. 침묵의 기술이 부족하기 때문이다. 이 기술은 논리학이 가르쳐주지 못한다.

내가 이사로 참여하는 인문학카페는 주관하는 대부분의 행사에 '100% 토론 중심'이라는 문구를 삽입한다. 그리고 청중과 소통하면서 진행하는 오픈 강의가 가능한 강사만 초빙한다. 똑똑한 강사는 많지만 소통형 강의를 할 줄 아는 강사를 찾는 일은 계곡에서 송사리 잡기보다 힘들다. 강연 후에는 참석자들과의 조별 토론이 필수로 진행된다.

그리고 대화를 독점하지 않는 토론민주화를 표방하며 '대화를 독점하는 성향인 사람은 참석을 재고해주십시오'라고 사전에 참석

자들에게 공지한다. 전하는 말의 중요도는 나중이고 소통의 자세를
갖추는 것이 먼저다.

예의에 대한 오해

옛날부터 전해 내려오는 예의범절을 다룬 책들 가운데 대표적인 책
이 『논어』다. 우아해지기 위해 매너 있는 태도와 감각을 터득하고
싶다면 읽을 만하다. 다만 '예의'와 관련해 몇 가지 오해를 풀 필요
가 있다.

'예의범절'이라는 단어 자체에서 격식과 딱딱함이 느껴지고, 허
례허식 같은 불필요한 겉치레를 떠올리기도 한다. 아마 제사 문화
와 같은 전통 의례가 이러한 인식을 형성하는 데 영향을 주었을 것
이다. 하지만 예의의 본래 의미를 다시 새기려면 추수감사제와 같
은 축제를 떠올리는 편이 낫다. 축제도 다 나름의 격식이 있는 법이
다. 최소한의 격식과 질서가 없는 상황은 우리를 불편하게 한다.

가수 휘트니 휴스턴^{Whitney Houston}이 사망했다는 소식을 듣고 그
녀의 소식을 검색하다가 우연히 그녀가 미식축구 경기장에서 미국
국가를 부르는 영상을 보았다. 슈퍼볼 결승전(미국 미식축구 리그의
결승전이며 세계 최대 규모의 이벤트)을 앞두고 관중이 경기장을 가득

메웠고, 하늘에는 공군의 에어쇼가 펼쳐졌으며, 오케스트라의 연주와 함께 그녀는 마치 운동하다가 잠깐 나온 듯한 패션으로 등장해 미국 국가를 열창했다. 빨리 경기를 시작하지 않고 고리타분하게 국가는 왜 부르고 있을까? 그 이유는 쉽게 설명할 수 있다. 그녀의 노래가 끝나자 관중들의 분위기는 극도로 고조되었다. 이렇게 의례와 격식은 즐거움과 함께 어우러질 수 있다.

범위를 좁혀서 우리의 인간관계도 근본적으로는 다르지 않다. 예의라는 말이 무겁고 답답한 느낌을 준다면 '매너'라는 말로 바꾸어서 이야기해도 괜찮다. 분위기에 적절한 말과 옷차림, 상대를 배려하는 몸짓 등이 필요한 까닭은 그러한 과정이 우리를 '즐겁게 하기' 때문이다.

예의와 음악은 뿌리가 같다

이 때문에 동아시아에서는 예禮와, 음악 또는 즐거움樂을 합해서 '예악禮樂'을 일상어로 사용해왔다. 이 구조를 이해하면 매너가 왜 즐거움과 연결되는지 알 수 있다. 공자는 '마음 - 예의 - 즐거움'의 삼박자를 이렇게 이야기했다.

사람이 상대방을 배려하는 마음이 없으면 예의를 어떻게 하겠는가? 또 음악(즐거움)은 어떻게 하겠는가?

人而不仁, 如禮何? 人而不仁, 如樂何?

배려하는 마음에서 예의가 나오고 또 즐거움이 나온다는 의미인데, 예의와 즐거움의 원천이 같다는 점을 이야기한다. 즉 공자는 겉으로 드러나는 것보다 내면의 진정성을 더 중요하게 생각했다는 것을 알 수 있다. 공자는 제자와 이런 이야기를 나누기도 했다.

공자: 그림 그리기는 흰 비단을 마련한 다음에 하는 일이네.

자하: 그럼 예의는 나중입니까?

공자: 자네가 나를 기쁘게 하는구나.

子曰, 繪事後素. 曰禮後乎? 子曰, 起予者商也!

남을 배려하고자 하는 마음(흰 비단)이 있고 그다음에 말과 행동이라는 예의(그림)를 실천할 수 있다는 말이다. 즉 우리의 진심을 표현하는 게 우선이다. 공자가 허례허식을 조장했다는 말은 완전한 오해. 하지만 진심을 표현하는 형식과 드러내는 방법은 매우 중요한데, 진정성은 하소연이 아니라 표현과 형식을 통해서 다른 사람에게 전달되기 때문이다.

한편 그 진정성은 방향을 바꾸어 우리의 태도에 의해 길러지기도 한다. 앞서 인용했던 『주역』의 '경이직내'라는 문구, 즉 '공경하는 태도로 내면을 바르게 한다'라는 메시지처럼 매너 있는 말과 행동을 하는 습관을 들이는 것 자체가 내면을 훌륭하게 만드는 방법이기도 하다.

이처럼 예의는 즐거움과 내면의 성숙을 위해 존재한다. 그렇기에 예의와 격식이 즐거움과 거리가 멀다면 수정되어야 마땅하다. 실제로 우리가 제사상을 차리는 방식이나 상례가 시간이 지날수록 계속 간소화되는 이유도 즐거움과 거리가 있기 때문이다. 하지만 세월이 흘렀다고 『논어』의 정신이나 우리 조상들이 남긴 지혜가 사라지는 것은 아니다.

20대도 무례함을 혐오한다

그런데 50대가 예의에 대해서 이야기하기 전에 먼저 풀어야 할 오해는 흔히 이야기하는 것처럼 '요즘 젊은 애들이 예의가 없다'라는 것이다. 내가 이해하는 인간이란 연령을 불문하고 무례한 사람을 혐오한다.

20대 청년들도 매일 밤 친구들과 술자리에서 누군가의 '싸가

오십이 앞으로 어떻게 살 거냐고 물었다

지에 관한 이야기'를 안주 삼아 열을 올린다. 20대와 50대는 무례함을 느끼는 대상에 차이가 있을 뿐 모두 무례함에 예민하게 반응한다. '요즘 젊은 애들'이 예의범절에 무감각하다는 오해는 기성세대가 젊은이들을 볼 때 느끼는 세대 차이의 결과다. 50대라고 해서 20대보다 특별히 '싸가지'가 있지 않다.

한 세대(약 30년) 정도 인생을 더 살았다는 근거로 20대가 예의가 있네 없네 평가할 필요는 없다. 『논어』가 세상에 나온 이래로 2,500년 동안 무례함 때문에 우리는 언제 어디서나 불쾌하다. 이제 좀 더 매너를 갖추자. 때와 상황에 적절한 말, 몸짓, 표정, 패션, 격식 등을 갖추자. 그럴 수 있을 때 우리는 더 우아하고 즐거운 50대를 살아가게 될 것이다.

6장

50대의 덕목들

만만하게 보이지 말자

니콜로 마키아벨리

훌륭한 리더는 드물다

예전 직장의 부서장이었던 분은 휘하에 둔 직원들의 일거수일투족을 궁금해했고, 자신과 사이가 좋지 않은 직원과 인사를 나누는 것조차 견디지 못하는 성품이었다. 입사 후 처음 그를 만났을 때 그는 자신과 관계가 각별한 몇몇 분들을 소개해주었다. 조금 부담스럽기는 했지만, '당신도 우리 인맥이야'라는 친밀감의 표시로 받아들였다. 그런데 그는 소수의 자기편을 제외한 나머지 사람들에게는 최소한의 애정도 표현하지 않았기에 잠재적인 적들을 훨씬 더 많이 두었다.

이런 리더십도 장점이 없는 것은 아니다. 그 라인에 충성을 다한 사람에게는 받아먹을 떡이 떨어진다. 쉽게 말해 이용만 하고 '팽' 하는 리더는 아니라는 말이다.

그리고 사내정치라는 게 나름의 박진감을 느낄 수 있어서 직장생활이 무료할 틈이 없었다(뒤에서 늘 반대 세력을 욕하고 음모를 짜는 장면을 상상해보라). 또 어떤 일을 신속하고 강하게 추진하기도 좋다. 하지만 문제는 외부가 아니라 직장 내부에서 터져나왔다. 두 차례의 파동과 법적 공방 등을 거치면서 리더는 명예롭지 않게 자리에서 내려왔다.

내가 만났던 다른 리더는 독서와 사색을 많이 하며 늘 호기심을 가지고 창의적인 생각을 떠올렸다. 즉 생각이 젊은 분이었다. 그러나 그 아이디어를 실행시키는 힘이 부족해 시작은 있지만 늘 마무리가 부족했다. 지시받은 일에 대해 중간보고를 들어가면 새로운 아이디어와 일거리를 주는 상황이 반복되었다.

연 단위로 유의미한 결과물을 낼 수 없는 팀이라면 그 팀은 무엇을 위해 존재하고 나는 왜 그 조직에서 고생하며 일을 하는 것일까? 리더가 아니라 차라리 조직의 구성원으로 만났다면 훌륭한 동료였을 것이다.

미움을 피할 수는 없다

이렇게 리더는 그 휘하에 있었던 사람의 평가를 피할 수 없으므로 평가를 듣기 위해 늘 귀를 쫑긋 세울 것이다. 물론 모두에게서 좋은 이야기를 듣고 싶은 게 인지상정이지만 여기서는 '미움'에 대해서 좀 더 생각해보려고 한다. 공자는 이런 이야기를 했다.

40세가 되어도 미움을 받으면 인생 종 친 것이다.
年四十而見惡焉, 其終也已.

평균 연령의 상승을 감안해 10년 정도 늘려 50세에게 전하는 메시지로 이해해보자. 젊을 때는 혈기를 믿고 겁없이 뛰어다니다가 주변의 미움을 사지만, 나이 50세 정도 되어 미움받지 않으려면 좀 더 주변을 포용해야 한다. 주변에 상처를 많이 주면서 살아온 이들이라면 공자의 말을 귀담아들을 만하다. 그러나 리더라면 누군가의 미움을 두려워해서도 안 된다. 공자는 이런 대화도 나누었다.

제자: 모두가 좋아하는 사람은 어떠합니까?
공자: 그런 사람이 되면 안 된다.
제자: 모두가 싫어하는 사람은 어떠합니까?

공자: 그런 사람도 안 된다. 착한 사람은 좋아하고 나쁜 사람은 미워하는 사람이 되어야 한다.

鄕人皆好之, 何如? 子曰, 未可也. 鄕人皆惡之, 何如? 子曰, 未可也. 不如鄕人之善者好之其不善者惡之.

모든 사람에게 좋은 사람으로 평가받기를 원하는 사람은 리더가 되어서는 안 된다. 훌륭한 리더라면 적어도 악인에게 미움을 받지 않을 수 없다. 이제 리더의 몇 가지 덕목들을 고전에서 찾아보겠다.

만만하게 보이지 않는 리더

내 경험상 리더의 첫 번째 덕목은 만만하게 보이지 않아야 한다는 것이다. 편함과 친근함은 리더의 미덕이지만 만만함은 치명적인 부덕이다. 그 간격은 백지장 한 장 차이처럼 보일 수 있지만 리드를 할 수 있느냐 없느냐를 결정짓는다. 니콜로 마키아벨리Niccoló Machiavelli는 『군주론君主論』에서 이렇게 말했다.

둘 중 하나를 선택해야 한다면 사랑받는 것보다는 두려움의 대상이 되는 편을 선택하는 것이 안전하다. 인간이란 감사할 줄 모르

고 신뢰할 수 없으며, 거짓말하고 날조하며, 돈을 탐하고 위험이 닥치면 도망쳐버리기 때문이다.[25]

또 법가사상가인 한비자韓非子는 자신의 생각을 함부로 공개하지 않아야 신하가 두려움을 가지고 따른다고 했다.

좋아하고 싫어하는 감정을 감추어야 신하는 본모습을 드러낸다. 따라서 임금은 신하가 자신을 파악할 수 없을 만큼 신하와 거리를 두어야 한다. 그런 상태에서 명군이 위에서 무위하면 무릇 신하는 밑에서 공경하고 두려워한다.
去好去惡, 臣乃見素… 故曰, 寂乎其無位而處, 漻乎莫得其所. 明君無爲於上, 群臣竦懼乎下.[26]

윗사람과 격의 없이 지내면 서로 무얼 좋아하고 싫어하는지 알게 되는데, 그러면 그에 맞추어 신하가 아부하고 가식적인 면을 드러낸다는 지적이다. 실제 조직에는 윗사람에게는 훌륭한 태도를 보이며 좋은 평가를 받으면서 아랫사람을 대할 때는 전혀 다른 태도를 보이는 이들이 있다. 안타깝게도 이런 이들이 대체로 빨리 승진하는 경향이 있다. 조직을 공정하게 이끌기를 바라는 리더라면 주의해야 할 인물이다. 끊임없는 아부 앞에 무너지지 않는 사람은 드

오십이 앞으로 어떻게 살 거냐고 물었다

물기 때문이다.

이처럼 마키아벨리와 한비자는 인간의 본성이 악하다는 것과 믿을 수 없는 존재라는 걸 전제로 리더의 자질을 말하고 있다. 인간 본성의 선한 면을 먼저 보는 공자나 맹자라면 이런 식으로 이야기 하지 않을 것이다. 그런데 인간 본성에 대해 성선설, 성악설 가운데 어떤 관점을 가지고 있든 상관없이 리더는 자신의 조직이 다음 두 가지 특징을 갖추어야 한다는 점을 놓쳐서는 안 된다.

화합의 '화和'와 소통의 '통通'이다. 이름을 붙여보자면 '화통和通' 의 리더십이 필요하다.

화통의 리더십

화합, 공화, 평화, 조화 등 이 '화'는 온갖 좋은 단어에 포함된다. 가족이든 직장이든 '화'는 온화溫和라는 말처럼 따뜻하고 살 만한 장소라는 느낌을 준다. 그런데 많은 리더는 조직의 화합을 위해 회식이나 단합대회를 하지만, 크게 잘못을 범하는 대목이 있다. 바로 잘하는 누군가에게 양보를 요구하는 점이다. 공산共産과 공화共和는 다른 개념이다.

당신의 조직에서 A는 부지런하고 말을 잘 듣는데 B는 건방지거나 능력이 부족해 일을 맡기고 싶지 않다고 해보자. 당연히 리더는 A에게 일을 시킨다. 그러면 당연히 A에게 그만큼의 보상이 돌아가야 한다. 그러지 않으면 비효율적이고 예산을 축내는 조직으로 전락할 것이다. 물론 훌륭한 리더라면 이 상황에서 B가 분발할 수 있도록 이끌어야 한다.

'통'도 어렵기는 마찬가지다. 소통을 위해 리더가 회의를 자주 여는 방식은 불통으로 가는 지름길이다. 리더는 자신의 힘이 크더라도 말을 줄여야 한다. 그래야 자신의 말 한마디가 무게를 지닐 수 있다. 50대의 리더십은 말을 줄이고 오히려 전체를 조망하고 막힌 곳을 뚫어주어야 한다.

'통'도 통달, 소통 등 늘 좋은 의미로 사용된다. 몸으로 비유하자면 피가 막히지 않고 혈액순환이 잘 이루어지는 것이다. 유산소운동을 한 후 사우나를 가고 마사지나 사혈처방 등을 받는 것도 다 이와 관련이 있다. 건강한 몸처럼 건강한 조직의 리더라면 어떤 스타일의 리더십을 발휘하더라도 내부의 의견이나 업무의 흐름에 막힘이 없도록 조치해야 한다. 요즘 회자되는 'ESG^Environmental, Social and Governance'의 G(지배구조의 투명성)가 바로 조직 내의 '통'을 이루라는 의미다.

나라에 문제가 생겼을 때 내놓는 개혁안을 조선시대에는 '변통론變通論'이라고 했다. '변해서 통한다'는 말로 개혁조치를 통해 막힌

곳을 뚫겠다는 뜻이다. 막힌 걸 뚫어야 건강해지는 것은 몸도 조직
도 마찬가지다.

니콜로 마키아벨리(1469~1527)

르네상스 시기 피렌체공화국의 정치가로, 『군주론』을 저술해 근대 정치
철학의 초석을 다졌다. 마키아벨리즘은 권모술수라는 부정적 이미지도
있지만 인간 본성의 사악함과 나약함을 토대로 한 일종의 전략적인 '역
량virtue'으로 해석하기도 한다. 그가 추구한 전략의 목표는 공화국의 번
영과 민중의 자유, 재산 보호였다. 어쨌든 그는 리더란 만만하게 보여서
는 안 된다는 점을 강조하며 이렇게 말했다. "둘 중 하나를 선택해야 한
다면 사랑받는 것보다는 두려움의 대상이 되는 편을 선택하는 것이 안
전하다."

- 인간은 본디 신뢰할 수 없는 존재다.
- 실제 착한 것보다 착하게 보이는 게 중요하다.

유연하게 리드하기

———

노자

쓸데없이 싸우지 말자

젊을 때는 혈기, 객기 등 몇 가지 기氣들을 맹신하다가 피를 보는 경우가 있다. 20대 중반 회식 때 동료가 다른 테이블의 손님들과 싸우고 있어서 나는 이를 말리다가 어디선가 날아 온 휴대폰에 머리를 맞고 응급실에 간 적이 있다.

　누군가와 큰소리치며 싸우지 않아도 머리 아픈 일들이 얼마나 많은가? 나는 40대 중반쯤 '(특수한 상황을 제외하고는) 누구와도 싸우지 않겠다'라는 다짐을 했다. 그리고 내 쪽에서 싸울 의사가 없으

면 싸움은 형성되지 않는다고 생각하게 되었다. 그리고 직장에서
나 차를 몰 때도 누군가 내게 싸움을 걸어오면 피하는 사람이 되었
다. 도로에서 누가 갑자기 치고 들어오는 느낌을 주면 대체로 '나는
당신과 차도에서 경쟁하고 싶지 않다'라는 의사를 빠르게 표명하는
편이다(물론 예외가 없지는 않다).

　내게 일어난 이러한 변화는 노자의 영향이었음을 알게 되었
다. 노자는 '상선약수上善若水'라고 해서 "최고의 선은 물과 같다"라
고 말했는데 여기서 물의 특성은 싸우지 않음이다. 남에게 시비를
걸지도 않고, 또 남이 걸어오는 시비를 무시하면 싸움은 만들어지
지 않는다.

　　최고의 선은 물과 같다. 물은 만물을 이롭게 하지만 싸우지 않아서
　　허물이 없다. 싸울 의사가 없기 때문에 천하가 그와 다툴 수 없다.
　　上善若水. 水善利萬物而不爭. 夫唯不爭, 故無尤. 以其不爭, 故
　　天下莫能與之爭.

　50대 이후에는 어떤 형태의 싸움이든 줄이는 게 좋다. 어떤 이
유로든 다른 사람과 싸우는 모습은 우아하지도 않을뿐더러, 무엇보
다 차분하게 대응하는 것에 비해 실리적으로 얻을 게 별로 없기 때
문이다.

한참 예전에 개그맨 전유성이 써서 화제가 된 책[27]을 읽은 적이 있는데, 책이 전하는 메시지는 적당히 비겁하게 살자는 내용이었다. 그 책에서는 돼먹지 않은 젊은이를 만났을 때 어른이 취해야 할 처세를 알려주었는데, 어린 사람과 싸우면 이기든 지든 나이 든 사람이 험한 꼴을 당하기 때문에 조용히 자리를 피하라는 조언이었다.

그때만 하더라도 '어른의 꾸짖음(선도)이 사라진 사회'를 비판하던 시절이었는데 지금은 전유성의 바람 때문인지 또는 시대의 분위기가 바뀌어서인지 돼먹지 않은 젊은이를 보면 다들 자리를 피한다. 꾸짖어서 목표한 바를 얻을 수 없음을 알기 때문이다.

지금은 수평적 문화를 이해하지 못하면 조직에서 아랫사람을 제대로 이끌 수 없다. 극단적인 예를 들어 회사의 대표가 자신의 건물 로비에서 신입 사원과 우연히 어깨를 부딪쳐 말싸움을 했다고 하자. 지금 시대의 대표에게는 그 신입 사원이 회사를 그만두게 할 권력조차 없다.

시대가 변했으면 변한 시대에 맞는 사고와 행동 방식이 필요하다. 우리의 20대 시절에 보았던 당시 50대가 가지고 있었던 권력을 떠올리면서 자신도 그런 권력을 가졌다고 착각해 그런 대우를 받으려고 하면 곤란하다.

물과 같은 리더십

노자가 말한 싸우지 않는 물과 같은 리더십에 대해 좀 더 생각해보자. 상선약수에서 '선'은 성품이 착하다는 의미가 아니라 '일이 좋게 진행되어가는 것'을 의미하는 말이다. 물이 흐르는 모습은 도도하면서도 강제로 흐르는 게 아닌 편안한 느낌을 준다. 그러면서도 어떤 방향으로 이끄는 '세勢'를 형성하고 있다. 이런 물의 흐름과 '세'를 관찰하면 우리의 삶에 적용할 만한 지혜를 얻을 수 있다.

어떤 흐름을 타면 돈을 벌고 싶지 않아도 돈이 쏟아져 들어오고, 흐름을 타지 못하면 아무리 간절하게 노력해도 돈이 들어오지 않는다. 물과 같은 리더십이란, 물과 같이 자연스러운 세를 형성하면서 때를 기다릴 수 있는 자세를 의미한다. 그런 리더십의 소유자는 일이 잘 풀리지 않는다고 화나 짜증을 내거나, 조직원을 다그치거나, 무리하게 일을 추진하지 않는다.

그런데 '무리하게 일을 추진하는' 리더에 대해서는 평가가 갈릴 수도 있다. 노자식 리더가 아니라고 해서 나도 무조건 추진력이 강한 리더를 폄하하지는 않는다. 그런 리더를 따르면 파이팅을 외치고 벼락치기식으로 일을 몰아가면서 단기간에 유의미한 성과를 내고 연말에 조직원들과 그 결과의 열매와 함께 짜릿한 성취감을 맛볼 수도 있다.

하지만 이렇게 파이팅 넘치는 리더는 조직원들이 체질에 맞아야 따라갈 수 있고 이런 방식이 반복되면 지치게 마련이다. 이런 유형도 30~40대의 리더라면 가능할지 모르겠지만 50대 리더는 스스로의 체력 문제 때문에 쉽지 않을 것 같다.

물과 같은 리더십을 구사하기 위해서는 '유연함'을 연습해야 한다. 그런데 유연함이 먼저 시비를 거는 공격적인 특성이 아닌 것은 분명하지만, 싸움을 피한다고 해서 승부의 세계에서 열등한 특성이라고 생각하는 건 착각이다.

유연함 연습

동양의 무술은 서양의 무술과 다른 특징이 있다. 택견, 쿵푸, 합기도(아이키도) 등을 보면 혼자서 마치 체조를 하는 것처럼 부드러운 동작을 연습한다. 둘이서 대련할 때는, 좋게 말해 조화로운 장면이지만 폄하하자면 서로 짜고 하는 것 같은 장면이 연출되고는 한다. 이런 유연함을 활용하는 기술을 통칭해서 유술柔術이라고 불렀다.

유술을 현대화된 스포츠인 올림픽 종목에서 찾아보려면 유도를 보면 된다. 단순히 힘이 세면 이기는 게 아니라 상대방의 힘을 '함께 활용(혹은 역이용)'해야 이길 수 있다. 힘 대 힘으로 붙는 서양

전통의 레슬링과 비교하면 차이점을 이해할 수 있다.

야구에서 유연함을 찾아보면 투수 중에는 류현진, 타자 중에는 이대호를 꼽게 된다. 류현진은 데뷔 때부터 힘(강속구)으로 타자를 제압하는 투수가 아니었다. 유연한 동작으로 정교한 제구력을 만들어냈기 때문에 이닝(각 팀이 공격과 수비를 하면서 생기는 경기 구분)이 길어져도 체력적인 부담이 적었다. 그가 힘으로 구속을 올리는 시점은 경기 중 몇 차례 찾아오는 위기 상황에서다. 이대호는 운동선수라고 하기에는 위태로운 몸을 가지고도(2루타성 타구를 날리고도 보통 1루에서 멈춘다) 20년 동안 부상에 시달린 적이 없었고, 은퇴 시즌에도 타격왕 경쟁을 하면서 골든글러브를 수상했다. 그의 홈런 장면을 보면 힘이 세다기보다 부드럽게 넘긴다는 느낌을 받는다.

어떤 형태의 리더십이 뛰어난지 정답은 없지만 50대는 이런 유연함에 주목할 필요가 있다. 50~60대는 이전만큼 정신적, 육체적으로 많은 에너지를 소모하기가 쉽지 않고 밤늦게 술을 마시며 권력을 좇기도 쉽지 않다. 그러니 리더십에도 요령이 있어야 하지 않을까? UFC 경기처럼 상대를 피 터지게 제압할 힘이 부족하면, 선방후공의 유술을 활용할 필요가 있다.

또 50대가 이끌어야 할 사람은 이전보다 더 많다. 과장, 팀장보다 부장, 임원, 처장, CEO 등이 조직을 통솔하거나 후배들을 이끌 때 본인이 가진 힘(권력)만으로 상대를 제압하려 하면 피폐해지기 쉽다. 그러니 상대(팀원, 후배)의 힘을 활용하는 기술(유술)을 갖출 필요가 있다.

앞서 살펴보았던 마키아벨리의 리더십은 냉정한 현실에 대한 이해를 기반으로 해서 배울 것이 있지만, 그 리더십은 포용력이 있지는 않다. 그 까닭은 '인간의 성품이 비열하다'는 단점을 기반으로 삼고 있기 때문이다. 만약 리더가 그런 관점을 가지고 있다면 조직원의 장점보다 단점을 먼저 보게 되고 불신하게 된다. 보통의 경우 그 불신은 겉으로 드러나고 신뢰를 받지 못하는 조직원의 충성심과 의욕은 떨어지기 마련이다.

나는 조직원의 단점을 다그치기보다 장점을 먼저 보고, 그 장점들을 잘 활용하는 리더가 50대의 리더십으로 훌륭하다고 생각한다. 그 관점이 서야 스스로 큰 그릇에 조직원들을 담아낼 수 있고 리더 스스로 에너지를 절약하고 비축할 수 있다. 마키아벨리즘은 그에 대한 보완재로 활용되면 좋을 것이다.

최고점이 오기 전에 멈추기

—

노자

자연이란 무엇인가

'자연'이라는 말을 들으면 영어의 'nature'와 같은 의미로 여기고 인공이 가해지지 않은 숲이나 바다, 산, 동물이 뛰노는 모습 등을 연상한다. 그런데 동아시아에서 자연이 그런 의미로 쓰이기 시작한 시기는 20세기 이후다. 19세기 조선시대까지 자연은 명사가 아니었다.

옛날에는 자연을 명사로 이해할 때 떠올리는 동식물과 사물들을 통칭해 '물物'이라고 했다. '자연'은 자연물의 성질을 의미해 '저절로 그러하다' '스스로 그러하다'라는 뜻이었다. 눈에 보이지는 않지만 계절이 변해가는 현상, 우리의 삶이 늙어가는 과정도 자연의 일부다. 저절로 그러한 작용은 강함이나 유위, 억지로 하는 것과는 거리가 멀고, 대신 약함이고 유연함이다.

노자는 리더십을 설명하기 위해 여성과 어린아이의 특성을 이야기했다. 여성은 남성에 비해 유연하고 어린아이도 어른에 비해 유연하다. 천하를 담을 수 있는 넓은 계곡이 되기 위해서는 부드러움이 있어야 한다는 뜻을 전하고자 노자는 이렇게 말했다.

수컷을 알고 암컷을 지켜 천하를 계곡으로 삼는다. 천하를 계곡으로 삼으면 언제나 덕이 떠나지 않고 다시 어린아이의 상태로 돌아간다.
知其雄, 守其雌, 爲天下谿. 爲天下谿, 常德不離, 復歸於嬰兒.

또 노자는 세상의 이치를 이렇게 요약했다.

약한 것이 강한 것을 이긴다.
柔弱勝剛強.

결국 노자는 부드럽고 유연한 그릇이 더 많은 조직원을 담아낼

오십이 앞으로 어떻게 살 거냐고 물었다

수 있고, 또 힘으로만 승부를 보려는 이들을 종국에 꺾을 수 있다고
이야기했다.

저절로 그러한 리더십

노자는 리더십의 유형에 순위를 매겼다. 우리는 나쁜 리더를 욕하
고, 무서운 리더를 두려워하고, 좋은 리더를 칭송한다. 하지만 노자
의 관점에서 가장 좋은 리더십은 아랫사람이 리더십이 있다는 것조
차 모르게 하는 것이다. 노자는 이렇게 말했다.

> 최고의 리더는 밑에서 그가 있는지도 모르고, 그다음 좋은 리더는
> 밑에서 그를 친하게 여기며 칭찬하고, 그다음 좋은 리더는 밑에서
> 두려워하고, 최악의 리더는 밑에서 욕한다.
> 太上不知有之, 其次親而譽之, 其次畏之, 其次侮之.

달리 말해 최고의 리더십은 '있는 듯 없는 듯한 리더십'이다. 리
더가 그 자리에 보이든 보이지 않든 조직원 모두가 주어진 일을 즐
겁게 처리하게 하는 리더십이 가장 좋은 리더십이라는 말이다. 그
모습은 이 세상 모든 리더가 꿈꾸는 장면이며 노자가 추구하는 성

인의 경지에서 이루어진다. '무위이무불위無爲而無不爲(애써서 하지 않으면서도 이루어지지 않는 일이 없다)'라는 명언이 이 관점에서 나왔다.

물극필반의 원리

'가격이 최고점이 되기 전에 팔자'라는 말은 주식이나 부동산 투자에서만 적용되는 진리가 아니다. 리더십을 구사하는 데도 필요하다. 노자는 강함과 약함의 상관관계를 관찰하고 하나의 질서를 발견하고는 이렇게 말했다.

> (무언가를) 움츠러들게 하려면 먼저 그것을 펴주어야 하고, 약하게 하려면 강하게 해야 하고, 없애려면 흥하게 해야 하고, 빼앗으려면 주어야 한다.
> 將欲歙之, 必固張之 將欲弱之, 必固强之 將欲廢之, 必固興之 將欲奪之, 必固與之.

이것을 '물극필반物極必反'의 원리라고 한다. '만물은 극점에 도달하면 반드시 돌아온다'라는 의미다. 풍선이 최대로 부풀었다가 터지기 직전에 사그라지는 모습을 상상하면 이해하기 쉽다. 만약 자신의 강한 지위를 계속 유지하고 싶다면 그 강함이 극에 달하는 지점에서 멈출 필요가 있다는 말이다.

한편 상대의 강력한 권력이 무너지는 걸 보고 싶다면 오히려 그의 권력의 강함이 끝까지 가는 대로 내버려두는 것도 하나의 전략이다. 권력의 끝에서 하루아침에 내려오는 상황을 우리는 어렵지 않게 보곤 하지 않는가?

역으로 말하자면 좋지 않아 보이는 상황이 반드시 나쁜 것도 아니다. 바닥을 치면 반드시 올라가게 되는 것도 물극필반의 원리이기 때문이다. 우리가 이 문구에서 얻을 수 있는 것은 '강함과 약함'이란 서로가 무관하거나 항구적인 상태가 아니며 노자가 발견한 '돌아감'이라는 진리하에서 역동적인 상관관계가 있다는 점이다. 그렇다면 강함과 약함의 상태를 이용하는 게 중요한 처세의 지혜이며, 이 처세를 행하기 위해 경직되지 않고 유연한 태도를 취할 필요가 있다.

50대는 젊었을 때의 강함을 부러워하기보다 약함이 오히려 강함을 이기는 도^道의 세계에 접어들 필요가 있다. 오늘부터 관점을 바꾸어서 노자의 유연함을 연습해보자.

오늘부터 불필요한 회의를 줄여 체력을 아끼고 지적하는 말을 줄여 말의 가치를 높이자. 또 조직원의 단점에 주목하기보다 장점들을 메모하고, 그 장점들을 활용해 목표를 달성하는 업무분장의 예술가가 되자. 끝으로 조직 내부에 소통이 막히는 지점을 찾아내서 뚫어주자.

이렇게만 할 수 있다면 '저절로 일이 이루어지는' 자연과 같은 조직을 이끄는 리더가 될 것이다.

지금부터의 공부는 즐거울 것이다

—

공자

배움과 공부의 차이

실업 급여를 한 번 받은 적이 있었다. 그때 내일배움카드 제도를 함께 안내받았는데, 실업 기간에 경제적인 보조만 받는 게 아니라 미래를 준비하는 데 도움을 주니 괜찮은 제도라고 생각했다. 실업 기간이 길지 않아서 실제 활용하지는 못했는데, 최근 지인이 이 제도로 크게 도움을 받고 있다는 이야기를 들었다.

'배우다'와 '공부하다'는 비슷한 의미지만 나는 엄연히 다르다고 생각한다. '내일배움카드'라는 표현에서 느껴지듯이 배움은 보람, 즐거움, 의미 있는 삶 등이 떠오르는 반면, 공부는 부담스럽고 하기 싫지만 어쩔 수 없이 해야 하는 일로 다가오기 때문이다. 생각해보면 그럴 수밖에 없다.

대한민국에서 태어난 이상 초등학교에 들어가는 8세부터 고등학교를 졸업하는 20세가 될 때까지 공부 이야기를 입 밖으로 꺼내는 이들은 대체로 어둡거나 걱정스러운 표정을 짓는다. 공부와 관련한 이야기를 듣는 내내 '공부'라는 단어에서 걱정, 두려움 등의 정서를 느낄 수밖에 없다. 그리고 그렇게 지겹도록 들어왔던 공부의 결과는 고등학교를 졸업하는 많은 학생에게 '실패'라는 낙인을 찍는다. 공부는 대학에 진학하기 위한 수단이었고 본인의 공부는 그에 못 미쳤다는 이유로 찍힌 낙인이다.

입시 교육의 폐해보다 더 심각한 문제는 성인이 된 이후 '공부'라는 단어를 활용하는 방식이다. 가끔 "내가 어렸을 때부터 공부에는 소질이 없다." 이런 말을 농담 삼아 겸손의 표현으로 사용한다. 하지만 단어를 바꾸어 생각해보자. "내가 배움에는 소질이 없다"라는 표현이 성립하는 말인가? 특정 분야에서 사람마다 잠재력의 차이는 있을 수 있다. 그러나 배움에 소질이 없는 인간은 존재하지 않는다.

또 우리 사회에서 공부란, 시험을 잘 보기 위한 학습으로 생각하는 경향이 있기 때문에 공부의 대상을 한없이 좁게 생각하기도 한다. 하지만 세상에는 흥미를 가지고 배울 게 무궁무진하다. 나는 요즘 캠핑에 빠져 캠핑에 관련한 여러 가지를 배우고 있으니 열심히 캠핑 공부를 하고 있는 셈이다.

외국어 공부를 떠올려보자. 아내는 고등학교 때부터 일본어를 배웠고 일본에서 대학원을 졸업했으나 그 언어를 쓸 일이 없었다. 그런데 요즘 맘카페에서 공고를 보고 일본어 스터디를 시작했다. 아내가 특별히 일본에 갈 일도 없고 일본어를 이용해 소득을 발생시킬 일도 없는데 왜 공부하고 있을까? 단순히 스스로 즐겁기 때문이다.

한편 토익시험 고득점을 받기 위해 토익학원을 다니면서 몸부림칠 때는 외국어 공부가 과연 재미있었을까? 의무적으로 또는 목적을 달성하고자 하는 공부는 스트레스를 주지만 흥미를 가지고 하는 공부는 그렇지 않다.

'공부'라는 말은 공자 시대에 썼던 말이 아니어서 『논어』에는 한 번도 등장하지 않는다. 이 말의 원래 뜻은 '기술이 뛰어난 사람'을 의미하는데, 당나라 때부터 '배움'의 의미로 사용되어 '배우다'와 '공부하다'가 동의어로 자리 잡기 시작했다. 그런데 공부는 유독 우리나라에서 의미가 다른 언어로 사용되고 있다. 정말 특수한 상황이 아니라면 나이 50세를 넘겨서 시험을 치를 일은 없을 테니 이제 공부를 본래의 의미대로 활용해보자.

공부란 무엇인가

누군가 도덕 교과서에나 쓰여 있을 법한 조언을 하면 "거 공자님 같은 말씀하지 말라"라는 말을 할 때가 있다. 성인의 어록은 좋은 말이고 맞는 말이지만 자신과는 관계없는 말이라고 생각하는 경우가 많아서 그렇다. 그 공자님이 공부는 재미있다고 말했다.

『논어』는 학學으로 시작한다. 첫 구절 '학이시습지 불역열호學而時習之不亦說乎'의 뜻은 '배우고 때때로 익히면 즐겁지 아니한가?'로, '학습'이라는 말이 여기서 나왔다. 이러한 공자의 말을 들으면 우리는 대체로 '공부가 재미있다고?'라고 반응하며 마치 공부는 본래 재미없는 게 맞다고 여긴다. 즉 공부를 단순히 밝은 미래로 향하기 위해 참아내는 과정으로 이해한다. 하지만 이는 『논어』를 건성으로 읽었기 때문에 보이는 반응이다.

주자의 주석을 참조해보자. 그는 '학'을 '효效(본받는다)'라고 풀었다. 그리고 '습習'은 새가 나는 모습을 표시한 것으로 보았다. 그래서 학습을 '배우기를 그치지 않는 것은 새끼 새가 나는 것을 자주 연습하는 것과 같다'라고 했다. 물론 새끼 새가 엄마 새를 흉내 내고 하나씩 따라하는 과정에는 많은 시간과 노력이 필요하다. 그러나 어느 날 드디어 자신이 노력한 날갯짓으로 엄마처럼 날게 되었을 때 나름의 희열을 느낄 것이다.

여기서 중요한 것은 공자가 노력의 결과에 따라서 즐거움이 존재한다고 하지 않았다는 점이다. 새끼 새는 시간과 노력을 들이며 계속 넘어지는 과정에서도 즐거움을 느꼈을 것이다. 비록 엄마만큼 날지는 못해도 조금씩 나아지는 자신의 모습에서 기쁨을 느끼지 않았을까?

나를 위한 공부를 시작할 때

공자는 공부의 자세를 두 가지인 위기지학爲己之學과 위인지학爲人之學으로 분류했다. 위기지학은 자기를 위한 공부, 위인지학은 남에게 보이기 위한 공부를 뜻한다.

자율적이고 자발적인 배움은 기본적으로 즐거움을 동반한다. 시간과 노력을 들이는 과정에서 때로 힘든 게 당연하지만, 그렇다고 즐거움이 아예 사라지지는 않는다. 다시 말해 공자의 공부는 인내와 즐거움이 양립하는 것이지, 한쪽이 아예 사라지는 것이 아니다.

공부가 재미없는 이유는 공부하고 싶지 않은데 남이 강요하기 때문이다. 혹은 남에게 잘 보이기 위해서 하기 때문이다. 11세기 송나라의 정이천은 이와 관련해 이렇게 주석을 달았다. "옛날에는 자신을 위해 공부해서 끝내 남을 이루어주었고, 지금은 남을 위해 공부해서 끝내 자신을 상실한다."

나이 50 먹은 사람에게 공부하라고 다그칠 사람은 없으니 지금 이야말로 공부의 즐거움을 만끽할 수 있는 나이다. 대학에 가기 위해, 취업을 위해, 스펙을 쌓기 위해 그렇게 열심히 공부해왔으나, 역설적으로 그 공부가 자신을 망치는 과정이 되었는지도 모른다. 그러나 50대는 누구 신경 쓸 필요 없이 오직 나 자신을 위해 공부할 수 있지 않은가?

나는 앞으로 외국어를 하나 정도 더 배우고 싶다. 악기를 배워서 아들과 협연도 해보고 싶다. 내 전공인 철학뿐만 아니라 문학, 그리고 경제경영 쪽의 책들도 더 읽고 싶다. 배울 것은 너무나 많고 아무도 나에게 간섭하는 사람은 없다. 어찌 즐겁지 않겠는가?

오십이 앞으로 어떻게 살 거냐고 물었다

50대는 누구 신경 쓸 필요 없이
오직 나 자신을 위해
공부할 수 있지 않은가?

적당히 살자

아리스토텔레스

마땅한 때에, 마땅한 만큼

국내에서 가장 비싸다는 호텔 예식장에서 있었던 일이다. 호텔에서는 진행 예식을 하니까 식이 끝난 후에 앉아 있는 테이블로 음식이 나오기 시작한다. 그런데 좌석이 다 차서 불가피하게 입구 쪽에 서 있는 하객들은 음식을 먹을 수 없으니 비슷한 식대의 메뉴가 있는 호텔 내 다른 식당으로 안내받고는 한다. 식을 마쳤을 때 입구에는 나를 포함해 30여 명의 하객들이 서 있었다.

웨이터가 신랑 쪽 혼주에게 가서 두 번이나 이러한 상황을 설명했다. 그리고 혼주의 이야기를 전달받은 웨이터가 우리에게 들려준 말은 '혼주가 원하지 않으니 기다렸다가 식사하라는 것'이었다. 혼주가 경황이 없어서 상황을 이해하지 못했거나, 혹시 추가로 계산될지도 모르는 식대를 어떻게든 아끼고 싶어 하는 인상이었다(혼주들끼리 식대를 어떻게 처리할지 등 복잡한 사안이 있었을 수도 있다).

나는 일행이 없었던 터라 식사를 위해 굳이 30분 정도 기다리고 싶지 않아서 그냥 나왔는데 그렇게 돌아간 사람이 20여 명 정도는 되었다. 축하해주러 온 그들이 무슨 이야기를 나누며 나갔겠는가? 돌아오는 길에 배가 고팠는지 예전 시골 허름한 예식장에서 먹었던 불고기전골과 회무침이 떠올랐다. 축일의 미덕은 찾아온 손님에게 기다림이 아니라 넉넉함과 푸짐함을 베푸는 게 아니던가? 호텔에서의 혼주는 가계 상황을 고려해 추가 비용이 걱정되지 않는 예식장을 선택하는 것이 중용에 맞았을 것이다.

아리스토텔레스는 중용에 대해 이렇게 말했다.

화를 내는 일, 돈을 주거나 써버리는 일은 누구든 할 수 있는 쉬운 일이지만, 마땅히 주어야 할 사람에게, 마땅한 만큼, 마땅한 때에, 마땅한 목적을 위해, 그리고 마땅한 방식으로 그렇게 하는 것은 결코 누구나 할 수 있는 일도 아니고 쉬운 일도 아니다.[28]

'적당히'라는 말은 완벽을 기하지 말고 대충 하라는 의미로도 사용되어서 부정적인 이미지가 있지만, 사전 그대로의 의미는 '마땅히 알맞게'라는 뜻이다. 지나치게 완벽을 기하는 사람은 좀 느슨하게 할 필요가 있고 일을 대충 하는 사람은 더 완벽을 기할 필요가 있는데, 이와 별개로 가장 적당한 '정도'가 있다는 말이다. 그래서 "정도껏 해"라는 말을 쓴다. 요즘은 잘 쓰지 않지만 옛날 사람들이 입에 달고 살았던 말이 "과불급過不及을 피하라"인데, 이 말이 바로 지나치지도 말고 모자라지도 말라는 중용의 정신이다.

과유불급의 의미

젊을 때는 무엇이든 '너무' 나가는 경우들이 적지 않다. 이제 살만큼 살았으니 한번 생각해보자. 너무 친절한 건 어떨까? 너무 배려하는 건 어떨까? 너무 사랑하는 건 어떨까? 너무 열심히 일하는 것까지는 좋지만, 너무너무 열심히 하는 건 어떨까? 싫어할 수는 있지만 너무 싫어하는 건 어떨까? 다음은 공자가 제자와 나누었던 대화다.

자공: 자장과 자로 중 누가 현명합니까?
공자: 자장은 넘치고 자로는 미치지 못한다.

오십이 앞으로 어떻게 살 거냐고 물었다

자공: 그러면 자장이 더 낫습니까?

공자: 아니네. 넘침은 미치지 못하는 것과 같네.

子貢問, 師與商也孰賢? 子曰, 師也過, 商也不及. 曰, 然則師愈
與? 子曰, 過猶不及.

이 대목에서 '과유불급'이란 고사성어가 나왔다. 물론 모자란
사람이 되어서도 안 되지만 지나친 사람이 되는 것도 모자란 사람
만큼 나쁘다는 의미다.

이번에는 미치지 못하게 행동하는 사람의 예를 『장자』에서 인
용해보겠다.

장자가 가난해서 밥을 굶을 지경이 되자 지인에게 식량을 빌리러
갔다. 지인은 곧 고을의 세금을 거둘 참인데 그때 당신에게 300금
을 빌려주겠다고 했다. 그러자 장자는 이렇게 말했다.

"여기 오다가 누가 나를 부르길래 돌아봤더니, 수레바퀴 자국 속
에 붕어가 한 마리 있어서 물 한 바가지만 퍼 와서 살려달라고 하
지 않는가? 그래서 내가 남쪽 오나라, 월나라에 가서 서강西江 물줄
기를 끌어오겠다고 했네. 그랬더니만 그 붕어가 지금 거처할 곳이
없어서 한 바가지 물만 필요한데 무슨 이야기냐며 화를 냈네."[29]

장자에게 필요한 건 지금 당장의 적은 식량인데도, 지인은 나중의 300금을 이야기하고 있다. 지인은 장자의 부탁을 거절하고 싶었던 건지 아니면 더 많은 도움을 주려는 선의로 그 이야기를 했는지 정확히 알 수는 없지만, '허세를 부리면서 도움을 거절하는 좋지 않은 대응'으로 보인다. 알다시피 인간사에서 '나중'이 들어간 이야기는 대체로 믿을 수 없는 이야기가 아닌가? 아마도 장자가 그렇게 느꼈기 때문에 붕어의 비유를 들지 않았을까? 지인이 할 수 있는 적절한 대응은 일단 밥을 사주고 당장 굶주림을 면할 수 있는 정도의 도움을 주는 것이다. 당연히 나중의 계획에 대해 굳이 설명할 필요는 없다.

우리의 실제 생활에 이 중용의 덕목을 적용해보자. 과식을 피하기 위해 언제 숟가락을 놓아야 할지, 직장에서 업무를 얼마나 하고 컴퓨터를 끌지, 친구의 부탁을 어느 정도까지 들어줄지, 자녀를 불러서 잔소리할 때 언제 그칠지, 이번 여행에서 얼마나 지출할지, 경조사비는 얼마나 낼지, 대출을 얼마나 받을지 등의 모든 상황에서 '가장 적절한 정도'라는 게 있다. 그리고 그 정도를 선택하는 주체는 누구도 아닌 우리 자신이다. 동양의 전통으로 말하자면 '마음 가는 대로'다. 그래서 마음 공부가 필요하다.

공자는 50세에 지천명知天命, 즉 천명을 알았다고 했다. 우리 시대의 50세는 천명까지는 아니라도 '적당히 살아가는 역량' 정도는 갖추면 좋겠다. 젊었을 때는 도무지 어느 선에서 그쳐야 하는지 모를 때가 많았지만 지금은 충분히 많은 상황을 경험했으니 어느 정도 그 선을 알 수 있다. 이전에는 분노를 비롯한 여러 감정을 조절하기가 쉽지 않았지만 이제는 노력하면 적당한 선을 넘지 않을 수 있을 것이다.

혹시 자녀의 결혼을 앞둔 독자가 있다면 모자라지도 넘치지도 않는 예식장을 선택하길 기대한다.

아리스토텔레스(B.C. 384~B.C. 322)

소크라테스, 플라톤에 이어서 고대 철학을 집대성한 그가 '어떻게 살 것인가'의 질문에 답한 내용은 『니코마코스 윤리학』에 있고, 그 핵심은 양쪽 극단을 피하는 '중용'이다. 사서(논어, 맹자, 대학, 중용) 가운데 『중용』이 있듯이 중용은 고대 동서양이 공통으로 추구했던 덕목이다. 중용은 '균형 잡힌 삶의 태도'라고 표현할 수도 있다.

• 지나치지도 않고 모자라지도 않는 중용의 덕을 가지고 상황에 대처해야 한다.

친구가 돈을 빌려달라고 할 때

공자

정직한 행동이란

나의 의협심은 지금보다 어렸을 때 좀 더 강했던 것 같다. 당시 친하게 지냈던 한 선배가 경제적 어려움에 처했는데, 내가 도와줄 형편이 아니었는데도 다른 친구들에게 조금씩 돈을 꾸어 빌려준 적이 있다. 이 행위에 대한 공자의 판단을 나중에 알게 되었다.

누가 미생고를 정직^直하다고 하는가? 어떤 사람이 초를 빌리려고 하자 이웃집에 가서 대신 빌려서 주는구나.

孰謂微生高直? 或乞醯焉, 乞諸其鄰而與之.

미생고라는 사람을 주변에서 정직한 사람이라고 칭찬했던 것 같다. 그러나 공자는 생각이 달랐는데, 그 근거로 그가 '지나친' 친절을 베푼 사례를 제시했다. 믿었던 친구를 배신하면서 혼자 살아남겠다는 사람이 허다한 세상에 친구를 위해 희생한 미생고를 공자는 왜 비판했을까? 그리고 설령 미생고가 적절하지 않고 비판받을 만한 행동을 했다고 해도 그게 '정직'의 덕목과 무슨 관련이 있다는 것일까?

북송시대의 범조우^{范祖禹}는 이렇게 말했다. "옳은 것을 옳다 하고, 그른 것을 그르다 하며, 있으면 있다 하고, 없으면 없다고 하는 것이 정직이다." 도움을 주고 싶어도 내 형편이 좋지 못하다면 그런 현실을 솔직하게 받아들이는 자세가 정직한 태도라는 말이다. 공자가 보기에 미생고의 친절은 중용의 미덕에서 '넘치는 행동'이었던 것이다.

우리는 단순히 '남을 사랑해야 한다' '어려운 사람을 도와주어야 한다'와 같은 착한 마음을 인성이라는 이름으로 이야기한다. 하지만 50대의 인성이란 단순한 착함에서 벗어나 균형 잡힌 상황 판단을 하는 섬세함이다. 할 수 없는 일을 할 수 있는 것처럼 이야기하고, 또 무리하게 일을 추진하다 동료나 가족에게 곤란을 안기는 사람이 되어서는 안 된다.

마음의 목소리 그대로

정직 이야기가 나온 김에 『논어』에서 한 대목을 더 살펴보겠다. 그렇다면 우리는 미생고처럼 자신이 처한 상황을 거짓 없이 받아들이고 솔직하게 이야기하면 되는 걸까? 공자가 주문하는 거짓 없는 솔직함은 좀 더 구체적으로 무엇을 의미할까?

우리는 자녀에게 단순히 '거짓말하지 말라'라고 가르치고 '사실 그대로 이실직고'하는 것을 정직이라고 가르친다. 하지만 공자가 생각하는 정직은 좀 다르다.

섭공: 우리 마을에 정직한 사람이 있는데 아버지가 양을 훔치자 이것을 증언했습니다.

공자: 우리 마을의 정직한 사람은 다르네. 내가 아는 정직한 이들은 아버지가 자식을 위해 숨겨주고 자식은 아버지를 위해 숨겨주네.
葉公語孔子曰, 吾黨有直躬者, 其父攘羊, 而子證之. 孔子曰, 吾黨之直者異於是. 父爲子隱, 子爲父隱, 直在其中矣.

사실 그대로 이실직고하는 게 정직이라면 정직한 사람은 아버지의 죄를 증언해야 할 것이다. 그러나 공자가 생각한 정직이란 단순히 사실 그대로가 아니라, '내 마음이 지시하는 그대로'를 의미한다.

좀 더 정확히 말하자면 우리의 '양심이 가리키는 그대로'를 의미한다. 이렇게 우리의 '선한 마음(양심)'은 때때로 사실이 아닌 것, 즉 선의의 거짓을 말할 것을 요구한다.

만약 자녀가 어떤 죄를 저지르고 부모를 찾아왔다고 하자. 그리고 자초지종을 제대로 들을 경황도 없이 경찰의 전화를 받았다고 하자. 여기서 공자가 말하는 정직은 일단 아이를 숨겨주는 것이다. 그것이 부모의 마음에서 솔직하게 우러나오는 바다. 그다음 어떻게 하면 좋을지는 경찰이 돌아간 뒤 자녀와 허심탄회하게 고민할 것이다.

삶이란 마음대로 살아서는 안 되는 게 맞다. 하지만 역설적이게도 올바른 삶이란 '마음 가는 대로' 살아가는 삶이다. 이를 우리는 제멋대로 무책임하게 산다고 보지만, 공자의 표현대로라면 '정직하게 사는 것'이다.

그렇게 보면 우리의 마음에는 선한 요소도 있고, 자칫 악으로 변할 수 있는 요소도 있다. 동양의 고전은 늘 우리의 마음을 세심히 들여다보는 방법을 안내한다.

50대가 갖추어야 할 미덕은 과연 무엇일까? 단순히 거짓말을 하지 않는 게 정의라고 믿는 어린이들이나 어떤 확고부동한 신념으로 정의와 불의를 무 자르듯이 나누는 청년들과는 달라야 하지 않을까?

오십이 앞으로 어떻게 살 거냐고 물었다

죽음에 관하여

―

죽는 날까지, 사는 날까지

중학교 때 다녔던 서예학원에서 윤동주의 〈서시〉를 혼자 썼던 적이 있다. 시가 마음에 들어 방에 걸어놓으려는 심산이었다. 그런데 당시 50대 후반의 원장님이 이를 보더니 '죽는 날까지'를 '사는 날까지'로 바꾸어서 적어보라고 권하셨다(시의 도입부는 "죽는 날까지 하늘을 우러러/한 점 부끄럼이 없기를"이다). 어차피 같은 의미면 사는 쪽으로 사고하는 게 좋지 않겠냐는 말씀이었다.

대학 때 들었던 과학 교양수업에서 물리학과 교수님이 이런 말씀을 하셨다. "나는 50대니까 살아온 날보다 살아갈 날이 적어요. 여러분은 아직 창창하죠?" 그 말이 기억에 남은 이유는 교수님의 강한 경상도 사투리와 억양 탓도 있겠지만, 그 말을 들은 순간 죽음에 대해 잠시 생각했기 때문이다. 50대는 저런 슬픈 이야기를 웃으며 할 수 있는 나이지만 20대인 나에게 죽음은 저 멀리 있었다.

대학원에서 박사 학위를 받고 한 정책연구소의 면접을 통과한 후 원장을 독대한 적이 있다. 당시 50대 후반의 잘 알려진 정치인이었는데 내 이력을 훑어보더니 대뜸 "왜 동양에서는 죽음을 '돌아간다'고 하나요?"라고 물어서 당황했던 기억이 있다.

이렇듯 살면서 내가 접해본 50대는 죽음을 의식하며 사는 사람이 많았다. 그리고 시간이 지나서 나 또한 50대가 되어 그 무리 중 한 사람이 되었다. 그때는 원장에게 내가 알고 있는 바를 충분히 답할 시간이 없었는데, 이 책에서 풀어보려고 한다.

고대 서양철학자인 에피쿠로스Epicouros는 사람이 죽으면 '감각'이 없어지기 때문에 죽음을 두려워할 필요가 없다고 하면서 이런 유명한 말을 남겼다.

죽음은 우리에게 아무것도 아니다. 왜냐하면 우리가 존재하는 한 죽음은 우리와 함께 있지 않으며, 죽음이 오면 우리는 이미 존재하지 않기 때문이다.

오십이 앞으로 어떻게 살 거냐고 물었다

하지만 죽음을 두려워할 필요가 없다는 에피쿠로스와 달리 서양의 종교들은 죽음에 지대한 관심을 가졌다. 서양의 종교들은 죽음으로 도달하는 최종 귀착지는 하늘나라이며 그곳에서 영원한 생명을 얻는다고 한다. 그런데 이것은 선택된 이들이 하늘나라에 '가는' 것이지, 본래 있었던 곳으로 '돌아가는' 건 아니다. 그러면 동양에서 죽음을 '돌아감'이라고 말하는 이유는 무엇일까?

귀천의 의미

천상병 시인은 〈귀천歸天〉에서 "나 하늘로 돌아가리라/아름다운 이세상 소풍 끝내는 날/가서, 아름다웠다고 말하리라…"라고 돌아감의 정서를 노래했다. 하늘에서 나와 하늘로 돌아간다는 생각의 구조와 흙에서 나와 흙으로 돌아간다는 말의 구조가 같다. 하늘과 땅은 위치가 전혀 다른데도 동양에서는 이런 식의 사유를 해왔다.

사람은 땅에 묻혀 뼈만 남기고 사라지므로 흙으로 돌아간다는 말은 하늘로 돌아간다는 말보다 이해가 쉽다. 하지만 우리는 어머니의 자궁에서 태어났기 때문에 흙이든 하늘이든 그곳에서 나왔다는 말은 이해가 쉽지 않다. 그러니 이렇게 생각해보자. 동양에서 하늘과 땅은 '천지天地'라는 합성어로 흔히 사용되는데, 이는 곧 '자연'

을 의미한다. 그러니 우리는 '자연에서 나와서 자연으로 돌아간다'라고 생각할 수 있다.

동아시아의 세계관은 복잡하지 않다. 우리가 익히 들어온 '천-지-인' 구도로, 고개를 들면 하늘이 있고, 내려다보면 땅이 있고, 그 사이 인간들 사이에는 여러 일이 펼쳐진다. 이 세계관에서 인간이든, 동물이든, 식물이든, 모든 존재는 살든 죽든 하늘과 땅이라는 범위에서 벗어날 수 없다. 그래서 천지가 만물을 낳았으며 다시 모든 만물은 천지로 돌아간다.

반면 서양은 우리와 다르다. 서양의 자연이란 하느님이라는 유일신이 '자연 바깥에서' 창조한 작품이다. 그러니 죽어서 돌아가는 하늘나라는 자연을 벗어나 하느님이 계시는 또 다른 세계를 의미한다. 그러니 서양인은 죽어서 하늘나라에 가는 것이고, 동양인은 죽어서 하늘이든 땅이든 돌아가는 것이라고 전통적으로 생각했다. 동양의 관점에서 보면, 우리는 자연에서 태어나 세상에 잠시 나와서 100년 정도 살다가 결국 같은 자연으로 돌아간다.

공자의 불가지론

공자는 죽음 이후에 어떤 일이 펼쳐지는지에 관심을 두지 않았다.

오십이 앞으로 어떻게 살 거냐고 물었다

공자 스스로가 죽음을 잘 모른다는 게 이유였다. 제자가 공자에게 죽음이 무엇인지 묻자 이렇게 답했다.

아직 삶에 대해서도 알지 못하는데 어찌 죽음을 알겠는가?
未知生, 焉知死?

이에 대해 정이천은 이렇게 주석을 달았다. "삶과 죽음은 낮과 밤 같은 것이어서 삶이 무엇인지 알면 죽음이 무엇인지 알 수 있다." 낮이 밤으로 바뀌는 변화는 큰 변화 같지만 실상은 그냥 하늘이 밝아졌다가 어두워진 것일 뿐이며 세상이 완전히 바뀐 것은 아니다. 그렇다면 군이 컴컴할 때 세상을 알려고 하기보다 밝을 때 세상 알려고 해야 한다. 삶과 죽음도 이와 마찬가지다. 죽음에 대해 열심히 알려고 하지 말고 어떻게 살지를 고민하라는 말이다.

나는 개인적으로 공자의 죽음관이 마음에 든다. 공자는 겸손해서 사후 세계가 없다고 단언하지 않지만 사후 세계가 있다고 이야기하지도 않는다. 이런 자세를 불가지론不可知論이라고 하는데, 생물학자 리처드 도킨스Richard Dawkins는 『만들어진 신』에서 이런 입장을 비난했다. 어떤 존재가 있는지도 증명되지 않고 없는지도 증명되지 않는다면, 둘 사이에 서서 잘 모르겠다고 말할 것이 아니라, 없다고 받아들이는 것이 합리적인 자세라는 주장이다.

어떤 존재나 개념을 증명할 의무는 그것들이 없다고 말하는 사람에게 있지 않고, 그것들이 있다고 말하는 사람들에게 있다는 말이다. 도킨스의 책은 독자들이 '합리성'에 대해 생각하게 하고 재미도 있어서 개인적으로 좋아한다. 그러나 나는 여전히 불가지론자다.

특정 종교를 믿는 사람들이라면 죽음에 대한 확신에 찬 교리를 배울 수 있으니 크게 고민할 필요는 없을 것 같다. 하지만 그렇지 않은 이들이라면 죽음이 궁금할수록 또는 두려울수록 오늘 자신에게 주어진 하루를 어떻게 살아갈지 생각하는 편이 현명하지 않을까? 그리고 어떻게 살아갈지 생각하기도 바쁜데, 특정 믿음을 가지고 살아가는 사람들을 굳이 비판할 필요가 있을까?

죽음은 삶과 대등하다

노자도 이렇게 말했다.

나가면^出 삶이고 들어가면^入 죽음일 뿐이다.
出生入死.

삶에서 죽음으로 가는 과정은 우리가 출입문을 드나드는 것과 같을 뿐이라는 말이다. 그래서 우리는 죽을 때 '돌아가셨다'라고 말한다.

서양 사상의 흐름을 보면 이와 다르다. 돌고 도는 모습이 아니라 선의 세계가 악의 세계를 무찌르는 장면을 떠올리게 한다. 기독교는 천지창조에서 시작해 최후의 심판으로 이어지는 '일직선'의 역사관을 따른다. 이에 비해 동양은 태초에 대한 이야기는 있지만 서구식의 창조론은 없으며 물론 종말론도 없다. 이러한 이유로 니체의 영원회귀와 같은 이론이 동양의 영향을 받았다는 식으로 설명되고는 한다.

동양의 시각으로 보면 봄, 여름, 가을, 겨울이 지나면 또다시 봄이 온다는 당연한 현상에서도 자연의 이치를 깨달을 수 있다. 또 남자와 여자는 구별되지만 대립하지 않고 협력해 자식을 생산한다. 낮이 지나면 밤이 찾아오고 또 낮이 찾아오는데, 낮이 밤을 낳고 밤은 낮을 낳는 구도이며, 어느 쪽이 선이고 어느 쪽이 악이 되지 않는다. 낮의 세계가 밤의 세계보다 우월하지 않다는 뜻이다. 이것을 인생에 적용해보면 정상에 오른 연예인이 내리막길을 걷는 것은 너무나 자연스러운(꽃도 그렇지 않은가) 일이다. 마찬가지로 삶과 죽음에도 적용된다.

피어남이 있으면 사그라짐이 있고, 또 삶이 있으면 죽음이 있다. 죽음 이후에 우리의 영혼이 어떻게 되는지 모른다는 이유로 우리는 죽음에 대해 불안함, 두려움, 미련, 섭섭함, 아쉬움, 슬픔 등의 정서를 느끼고 있을 뿐이다. 죽음은 태어남과 대등한 사건이고 나쁜 것도 열등한 것도 아니다. 즉 우리는 죽음에서 나와 살았으므로 다시 죽음으로 돌아갈 뿐이다.

죽을 것인가, 마칠 것인가

스마트폰에 수많은 사람의 연락처가 저장되어 있어도 내게 급한 상황이 닥쳤을 때 마음 편히 전화를 걸고 받을 수 있는 사람은 사람은 그리 많지 않다. 그리고 나는 40대 때 기꺼이 전화를 걸 수 있는 친구 둘을 잃었다.

나는 한 인터넷 방송에서, 친구의 갑작스러운 죽음을 맞고 읽게 된 책[30]을 소개한 적이 있다. 20년간 2,800명 환자들의 마지막 길을 지킨 일본의 한 호스피스 전문의가 쓴 책이었다. 책은 죽음에 직면했을 때 비로소 자신의 삶에서 가장 가치 있는 것이 무엇인지 알게 된다는 메시지, 그리고 지금이 삶의 마지막 날이라면 어떻게 살아갈 것인지 생각해보자는 메시지를 전하고 있다.

등잔 밑은 어두웠다. 친구를 잃고 9개월이 지난 뒤 아버지는 길어야 6개월이라는 시한부 판정을 받았다. 그렇게 소중한 사람들이

오십이 앞으로 어떻게 살 거냐고 물었다

떠나갔다. 앞으로 떠나보낼 일이 많아질 나이가 되었다.

나는 소중한 사람들을 떠나보내면서 인생을 살아가는 데 사람을 '잘 만나는 것'도 중요하지만 '잘 헤어지는 것' 또한 중요하다고 느꼈다. 회자정리會者定離(만나면 반드시 헤어진다)는 진리이고 영원한 만남은 없다. 어떤 직장에 들어가 어떤 인간관계를 맺더라도 나는 헤어짐과 이별에 대해 먼저 생각한다.

이직과 퇴직을 준비하는 이들에게 꼭 해주고 싶은 말이 있다. 모든 일에는 '종終', 즉 마침이란 게 있다. 내가 다른 직장으로 옮긴다는 이유로, 지금 직장의 사람들을 다시 볼 일이 없다는 이유로, 혹은 원치 않게 직장에서 잘렸다는 이유로 지금 내가 하는 일을 마무리하지 않고 떠나지 않았으면 한다. 마침과 시작은 결코 별개의 개념이 아니고 순환하는 개념이다. 마무리를 제대로 하지 못하는 사람이 새로운 직장에서 좋은 출발을 할 수 없으며, 처음에 그럴듯하게 시작해도 성공적인 마침을 기대하기 힘들 것이다.

인간관계도 그렇다. 이전 직장에서 동료와 싸운 후 저주하는 사람은 새로운 직장에서도 여전히 좋은 인간관계를 맺기는 쉽지 않을 것이다. 북송시대의 유학자 정이천은 이렇게 말했다.

군자의 죽음을 '종終'이라 하고 소인의 죽음을 '사死'라고 한다.
君子曰終, 小人曰死.

군자의 죽음도 물론 '사'라고 하지만 소인의 죽음과 구별해 '종'이라고 했다. 누구나 죽기 때문에 죽음은 특별한 노력이 필요하지 않다. 하지만 마침은 노력을 해야 한다. 유학은 사후 세계와 영원한 생명에 대해 이야기하지 않지만 그렇다고 죽으면 모든 것이 끝난다고 생각하지 않는다. 만약 그렇게 생각한다면 그는 소인의 길을 가고 있는 셈이다.

지나가면, 헤어지면, 죽으면 모든 것이 끝이라고 생각하지만 그렇지 않다. 단지 우리는 났던 곳으로 돌아갈 뿐이고 돌아가기 전에는 마무리가 중요하다. 탄생만 아름답고 경이로운 게 아니다. 사라짐도 그 느낌은 다르지만 여전히 아름답고 경이롭다. 만남과 헤어짐도 그럴 것이다.

오십이 앞으로 어떻게 살 거냐고 물었다

지나가면, 헤어지면, 죽으면
모든 것이 끝이라고 생각하지만
그렇지 않다.

이제 모든 것을 쏟아낼 때

일이관지

이제 책을 마무리하면서 '일관된 하나'에 대해서 좀 더 이야기하고 싶다.

일이관지一以貫之, 줄여서 일관一貫이라고 한다. '하나로 모든 것을 꿰뚫다'라는 뜻이다. 당신을 '하나'라고 가정하고 세상 모든 것을 관통해 누비며 다닌다고 상상해보자. 우리의 일도, 고민도, 심지어 우리 혈관 속의 피도 그렇게 시원스럽게 뚫리면 얼마나 좋겠는가? 어쨌든 막힌 게 뚫리는 듯한 시원스러운 느낌을 주는 성어임이 틀림없다. 『논어』에서 이 문구가 나오는 한 장면을 보여주고자 한다.

공자: 자네는 내가 열심히 배워서 많이 안다고 생각하는가?

제자: 그렇게 생각합니다. 아닙니까?

공자: 아니네. 나는 하나로 모든 걸 꿰뚫고 있을 뿐이네.

賜也, 女以予爲多學而識之者與? 對曰然非與? 非也. 予一以貫之.

많은 책을 읽었다고 세상의 이치를 더 많이 알게 된다는 보장은 없다는 의미다. 그런데 세상을 꿰뚫는 '하나'는 도대체 무엇일까?

평생 그림만 그려온 사람이 있다고 가정하자. 평생 음악만 해온 사람과는 달리 갑자기 곡을 만들 수는 없다. 그러나 두 사람의 다른 지향성은 '창조creation'라는 하나의 웅덩이에서 만날 수 있다. 세상의 모든 작가는 자신과 다른 영역에서 창작하는 사람들을 보다 더 잘 이해할 수 있다. 그 이유는 그들을 관통하는 '하나'를 공유하고 있기 때문이다.

요즘은 반려견과 반려묘를 함께 키우는 사람이 많다. 진돗개와 고양이는 종이 다른 동물이지만 진돗개를 키워본 사람이 고양이도 잘 키울 가능성이 높다. 진돗개를 키우는 것과 고양이를 키우는 것에는 서로 관통하는 '하나'가 있기 때문이다.

또 문학, 철학 등 인문학은 문과 계열의 학문으로 여겨져서 수학과 아무 관련이 없는 학문이라고 생각했을 것이다. 그러나 과거에는 철학과 수학이 구별되는 학문이 아니었다. 고대의 철학자 피타고라스나 근대의 철학자 라이프니츠, 데카르트도 모두 수학자였고, 현대 수학을 있게 해준 수학 개념인 피타고라스의 정리, 미적분, 좌표축 등을 만들어냈다. 문학을 좋아하고 수학을 싫어하는 것은 개개인의 자유지만 일이관지의 측면에서 보면 선입견에 불과하다. 문학을 좋아하면서 동시에 수학도 좋아하는 건 양립 가능하다. 진리라는 하나의 큰 웅덩이가 있다고 할 때 문학과 수학으로 도달하는 '진리'는 하나로 연결된 전체로 이해할 수 있기 때문이다.

또 어떤 전공의 개론서든 책의 제일 앞에 학문의 간략한 역사를 다루는 부분에 아리스토텔레스가 등장한다. 문학, 음악, 물리학, 수학, 논리학, 법학, 사회과학을 불문하고 말이다. 그가 습득한 학문이 일이관지가 아니라면 그럴 수는 없었을 것이다. 요즘은 일이관지를 '융합'이라는 이름으로 이야기하고 있다.

이제 일이관지를 우리의 삶에 적용해보자. 우리는 50여 년을

오십이 앞으로 어떻게 살 거냐고 물었다

살면서 여러 학문을 공부하고, 다양한 인간관계를 맺고, 이러저러한 일들을 해왔다. 물론 그 과정에서 좋았던 기억들도, 그렇지 못한 기억들도 있을 것이다. 그것들은 모두 제각각의 경험인 것 같지만 '삶의 진실 혹은 이치'라는 하나의 웅덩이에 모을 수 있다.

50세가 된다는 건 그 웅덩이의 구슬들을 모아서 새로운 출발을 할 때가 되었음을 의미한다. 구슬이 서말이라도 꿰어야 보배인 것처럼, 50년간 쌓인 우리 각자의 구슬들을 하나로 꿸 때 별것 아닌 우리의 삶은 빛날 수 있다.

이제 가지고 있는 구슬들을 꿰자. 그리고 그 하나를 가지고 멋지게 50대를 관통해가자.

○ 미주 ──────────────────────────────

1 이 책에서 『논어』 원문과 그에 대한 주석은 저자의 번역을 따랐다.

2 아르투어 쇼펜하우어, 홍성광 역, 『쇼펜하우어의 행복론과 인생론』(을유 문화사, 2013)

3 잭 런던, 윤미기 역, 『잭 런던의 조선사람 엿보기』(한울, 2011)

4 프랜시스 베이컨, 진석용 역, 『신기관』(한길사, 2016)

5 조너선 하이트, 왕수민 역, 『바른 마음』(웅진지식하우스, 2014)

6 유발 하라리, 전병근 역, 『21세기를 위한 21가지 제언』(김영사, 2018)

7 이 책에서 스피노자의 말은 다음 내용을 따랐다.
   바뤼흐 스피노자, 강영계 역, 『에티카』(서광사, 2007)

8 알프레드 아들러, 최호영 역, 『아들러 삶의 의미』(을유문화사, 2019)

9 W. 베란 울프, 박광순 역, 『아들러의 격려』(생각정거장, 2015)

10 마셜 로젠버그·가브리엘레 자일스, 강영옥 역, 『상처 주지 않는 대화』(파 우제, 2018)

11 이 책에서 『도덕경』 원문과 그에 대한 주석은 저자의 번역을 따랐다.

12 기시미 이치로·고기 후미타게, 전경아 역, 『미움받을 용기』(인플루엔셜, 2014)

13 애덤 스미스, 박세일·민경국 역, 『도덕감정론』(비봉출판사, 2009)

14 장 자크 루소, 이환 편역, 『에밀』(돋을새김, 2015)

15 연세대영어교재편찬위원회 편, 『Modern College English I』(연세대학교 출판부, 1987)

16 어니스트 헤밍웨이, 『노인과 바다』(Scribner Book Company, 1995)

17 샤를 페팽, 허린 역, 『실패의 미덕』(마리서사, 2017)

18 제롬 데이비드 샐린저, 공경희 역, 『호밀밭의 파수꾼』(민음사, 2001)

19 앙리 베르그송, 황수영 역, 『창조적 진화』(아카넷, 2005)

20 니코스 카잔차키스, 이윤기 역, 『그리스인 조르바』(열린책들, 2009)

21 이윤기, 「20세기의 오디세우스」, 니코스 카잔차키스, 『그리스인 조르바』
(열린책들, 2009)에서 재인용

22 프리드리히 니체, 이진우 역, 『차라투스트라는 이렇게 말했다』(휴머니스
트, 2020)

23 본문의 예시는 다음에서 제시된 개념을 저자가 응용했다.
상탈 자케, 정지은·김종갑 역, 『몸』(그린비, 2021)

24 우치다 다츠루, 박재현 역, 『배움은 어리석을수록 좋다』(샘터, 2015)

25 니콜로 마키아벨리, 신재일 역, 『군주론』(서해문집, 2005)

26 원본은 왕선신, 『한비자집해』

27 전유성, 『조금만 비겁하면 인생이 즐겁다』(가서원, 1995)

28 아리스토텔레스, 강상진·김재홍·이창우 역, 『니코마코스 윤리학』(길, 2011)

29 장자, 김갑수 역, 『장자』(글항아리, 2019)

30 오자와 다케토시, 김해용 역, 『살아라, 오늘이 마지막 날인 것처럼』(동양북
스, 2017)

오십이 앞으로 어떻게 살 거냐고 물었다

초판 1쇄 발행 2023년 3월 22일
초판 3쇄 발행 2023년 5월 29일

지은이 이관호
브랜드 온더페이지
출판 총괄 안대현
책임편집 이제호
편집 김효주, 정은솔
마케팅 김윤성
표지디자인 김지혜
본문디자인 윤지은

발행인 김의현
발행처 (주)사이다경제
출판등록 제2021-000224호(2021년 7월 8일)
주소 서울특별시 강남구 테헤란로33길 13-3, 2층(역삼동)
홈페이지 cidermics.com
이메일 gyeongiloumbooks@gmail.com(출간 문의)
전화 02-2088-1804 **팩스** 02-2088-5813
종이 다올페이퍼 **인쇄** 재영피앤비
ISBN 979-11-92445-27-4 (03100)